JAMES BOTH

fineBOOKS

PERSÖNLICHE DATEN

NAME, VORNAME

STRASSE

PLZ, ORT

TELEFON

E-MAIL

365 TAGE INSPIRATION FÜR DEIN BEWUSSTSEIN

VORWORT

Das Bewusstsein dafür, welche Kraft Worte haben können, war schon den Gelehrten der Antike bekannt. Deshalb gelten gerade sie als Urväter der Rhetorik. Nicht verwunderlich, dass deshalb heute noch ihre weisen Worte nachschwingen. Daher war es auch mir ein ganz persönliches Anliegen, Menschen mit Worten zu erreichen, die sich auf die Suche nach sich selbst begeben. Anfassen hat nichts mit Berühren zu tun – es sind die ergreifenden Momente, die uns tief in der Seele berühren und verändern. Immer dann, wenn wir unser Bewusstsein und unser Herz öffnen. Auf meinem Weg der Bewusstwerdung haben mich viele Momente und Begegnungen in einem Ausmaß bereichert, für die ich tiefe Dankbarkeit empfinde.
Ich danke meinen Eltern für eine Kindheit, die ihresgleichen sucht. Danke für mein Leben und für all die Werte, Empathie und die Liebe, die ihr mir bis zum heutigen Tag schenkt. Ich danke meiner Lebenspartnerin für die vielen Stunden des Verständnisses. Deiner bedingungslosen Unterstützung auf allen Ebenen meines Seins und für das neue Leben, das wir in diese Welt bringen durften. Den vielen Menschen, die mich über Jahre begleiten und die immer wieder meine Lehrer waren – habt vielen Dank. Danke an meine Klientinnen und Klienten für euer Vertrauen. Ein besonderer Dank geht an Sarah Michel, die dieses Buch mit ihren Illustrationen in ganz wundervoller Art und Weise bereichert. Ich danke dem Verlag für die tolle Kooperation auf Augenhöhe und der Verwirklichung dieses Buches. Zu guter Letzt danke ich mir.

James Both

WIR LEBEN IN GESCHEHNISSEN, NICHT IN JAHREN.

(Autor unbekannt)

Neues Jahr, neues Glück. So heißt es im Volksmund. Doch wer diesen Spruch kennt, kennt auch die Binsenweisheit, dass jeder seines eigenen Glückes Schmied ist.

Heute ist der erste Tag des neuen Jahres. Eine gute Möglichkeit, dir Gedanken zu machen, welche Ziele, Träume, Wünsche, Ereignisse du dir für das frische Jahr setzt. Nimm dir Zeit, zu reflektieren, zu sinnieren. Formuliere für dich all das, was du in diesem Jahr in die Tat umsetzen möchtest. Beginne gleich mit deinem persönlichen Manifest, indem du jetzt für dich deine 3 (realistische) Ziele formulierst.

____

____

____

AUCH EINE REISE ÜBER TAUSEND MEILEN BEGINNT MIT DEM ERSTEN SCHRITT.

(Buddha)

____

____

____

____

HEUTZUTAGE BRINGT DIE MENSCHEN DIE STILLE AUS DER RUHE.

(Autor unbekannt)

Ein langes Jahr ist gerade erst vorbeigezogen. Und vielleicht fragst du dich: 'Wo ist es bloß geblieben'? Wie wäre es, wenn du darüber nachspürst, welche Erlebnisse dein Herz berührten? Welche Situationen und Begegnungen dir nachhaltig in deinem Herzensgedächtnis geblieben sind? Hole sie dir jetzt in dein Bewusstsein und spüre nach. Wie fühlt es sich retrospektiv an? Welche Erfahrungen durftest du machen und was hat es dich gelehrt? Demut und Dankbarkeit sind heilsame und starke Kräfte, die positiv zu deinem Seelenfrieden beitragen.

____

____

____

ERINNERUNGEN BRINGEN DICH ZURÜCK. TRÄUME BRINGEN DICH VORAN.

(Autor unbekannt)

____

____

____

JEDER ABSCHIED IST DIE GEBURT EINER ERINNERUNG.

(Salvador Dalí)

Nun ist es Zeit, dem alten Jahr loszusagen und das Neue herzlich zu begrüßen. Du hast die bedeutsamen Momente und Begegnungen gespeichert, sie in dein Herz integriert und auf Seelenebene dankbar angenommen. Sei dir sicher – deine Seele hat sich über jede Erfahrung gefreut und ist dir dankbar, dass sie daran wachsen durfte. Nun bist du bereit, dich auf neue Wege zu begeben, auf neue Abenteuer, die dich weiter reifen lassen. Heiße sie herzlich willkommen und begegne ihnen offenen Herzens.

____

____

____

HEUTE IST EIN GUTER TAG, UM EINEN GUTEN TAG ZU HABEN.

(Autor unbekannt)

Du bist der Schaffer deines eigenen Lebens. Du kreierst deine Umwelt selbst. Also achte auf dein Innerstes. Es spiegelt sich im Außen. Vertraue darauf, dass es eine Woche wundervoller Ereignisse sein wird.

____

____

____

ES SIND NICHT UNSERE FÜSSE, DIE UNS BEWEGEN. ES IST UNSER DENKEN.

(Autor unbekannt)

WIR LEBEN ALLE UNTER DEM GLEICHEN HIMMEL, ABER WIR HABEN NICHT ALLE DEN GLEICHEN HORIZONT.

(Konrad Adenauer)

9-PUNKTE-ÜBUNG

Verbinde alle 9 Punkte mit vier Strichen, ohne den Stift abzusetzen.

Out of the box thinking

DAS WISSEN HAT GRENZEN, DAS DENKEN NICHT.

(Albert Schweizer)

DIE ENTSPANNUNG STEIGT.

(James Both)

Bald ist Wochenende. Und schon jetzt kannst du es spüren, wenn du versuchst, Entspannung einzuatmen und all die Anspannung der letzten Tage auszuatmen. Nimm drei tiefe Atemzüge und versuche es gleich mal aus. Du wirst sehen, wie sich dein Körper ent-spannen und dein Körpersystem in die Ruhe finden kann.

NUR IN RUHIGEN GEWÄSSERN ERKENNST DU DEIN EIGENES GESICHT.

(Autor unbekannt)

DAS LEISE HAT EINE STARKE STIMME.

(Autor unbekannt)

19 Januar

HEUTE SIND DIE GUTEN ALTEN ZEITEN, AN DIE DU DICH IN ZEHN JAHREN ERINNERN WIRST.

(Autor unbekannt)

20 Januar

EIN FREUND IST JEMAND, DER DICH MAG, OBWOHL ER DICH KENNT.

(Elbert Hubbard)

Gibt es vielleicht eine Person, die dir in den Sinn kommt, während du diese Zeilen liest? Wann hast du dich zuletzt bei dieser Person gemeldet? Was braucht es, um sie zu kontaktieren? Es könnte ein guter Start in die Woche sein, Menschen zu kontaktieren, denen du schon länger nicht mehr deine Aufmerksamkeit geschenkt hast.

FREMDE SIND FREUNDE, DIE MAN NUR NICHT KENNENGELERNT HAT.

(Autor unbekannt)

HEUTE IST WUNSCHTAG.

ICH WÜNSCHE DIR EINEN LIEBESBRIEF.

BEGINNE DEN TAG MIT EINER REFLEKTION UND ÜBERLEGE DIR, WER DIE VIER WICHTIGSTEN MENSCHEN IN DEINEM LEBEN SIND. SCHREIBE SIE AUF*.

1.
2.
3.
4.

*Lösung folgt

WER STETS VERSUCHT, BESSER ZU SEIN, WIRD NIE GUT GENUG SEIN KÖNNEN.

(Autor unbekannt)

Suche dir einen bequemen Ort aus. Nimm dir Zeit für dich selbst. Atme tief ein und aus. Stelle dir die Frage, ob du gut genug bist. Musstest du es immer jemanden recht machen? Wem? Aus welcher Motivation heraus, hast du dies getan? Verzeihe dir selbst. Denn alles, was wir wollen, ist geliebt zu werden. Dafür würden wir – vor allem im Kindesalter – vieles tun. Lasse Liebe in diese Situation hineinfließen und schaffe dadurch innerlichen Frieden.

STELLE DIR EINE WELT VOR, IN DER DAS GEGENTEIL VON 'GUT' NICHT 'SCHLECHT', SONDERN 'VIEL BESSER' IST.

(James Both)

____

____

____

____

"ICH BIN GUT."

____

____

VORSTELLUNGSKRAFT BEWEGT GEDANKEN. FANTASIE LÄSST SIE FLIEGEN.

(Siegfried Wache)

Materie folgt dem Geist. Wenn du diese Gesetzmäßigkeit verstanden hast, bist du ein mächtiger Schöpfer deines Selbst. Denke nur an die Sportler, wie zum Beispiel Stabhochspringer oder Skiabfahrtsläufer. Sie stellen sich genau vor, wie ihr Sprung oder ihre Abfahrt zu verlaufen hat. Der Körper folgt ihrem Geist. Und auch du bist in der Lage, dies für dich zu nutzen. Visualisiere, was du haben bzw. welche Ziele du erreichen möchtest. Umso stärker du es dir vorstellen kannst, umso wirklicher wird es.

____

____

DU KANNST VOR VIELEM DAVONLAUFEN. ABER NICHT VOR DEM, WAS IN DIR IST.

(Autor unbekannt)

____

____

____

____

REALITÄT IST NICHT WAS IST, SONDERN DAS, WAS MAN DAFÜR HÄLT.

(Autor unbekannt)

Du hast in den letzten Tagen erfahren dürfen, welche Kraft und Macht deine Gedanken haben. Beginne den Tag daher mit einer Visualisierung dessen, was du heute erreichen möchtest. Am besten schreibst du dir gleich einen wirkungsvollen Satz auf, der dich heute begleiten darf. Zum Beispiel: "Gerade heute, wachse ich an meinen Aufgaben und übertreffe mich selbst".

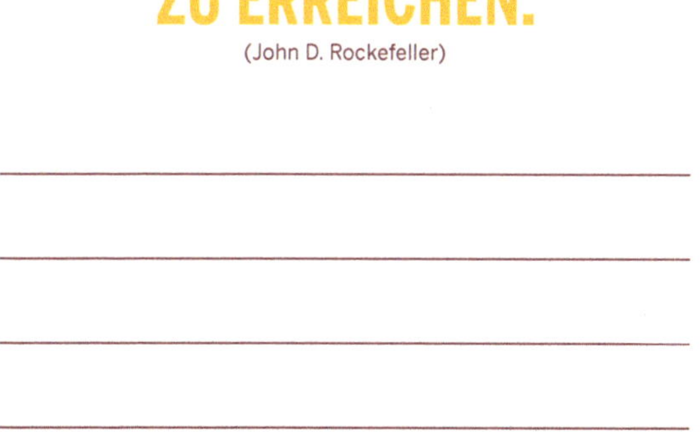

HABE KEINE ANGST, DAS GUTE ABZUGEBEN, UM DAS GROSSARTIGE ZU ERREICHEN.

(John D. Rockefeller)

SO WIE DU ATMEST, SO LEBST DU.

(Autor unbekannt)

Die Atmung steht für das Leben. Es ist das Erste, was wir tun und das Letzte. Wie atmest du? Unbewusst und oberflächlich? Schenke deinem Atem doch jetzt gerade mal Aufmerksamkeit und nimm wahr, wie sich deine Lungen mit Sauerstoff und neuer Energie füllen. Der positive Effekt: Es bringt dich gleichzeitig in die Entspannung. Zum Beispiel, wenn du vor Leuten sprechen musst ist die Atmung ziemlich wichtig. Sie unterstützt dich bei der Fokussierung deiner Aufgabe. Kleiner Tipp: Das Ausatmen ist dabei fast noch wichtiger, denn nur wenn du die verbrauchte Luft, die alte Energie, rauslässt, kannst du deine Kapazität im vollen Umfang nutzen.

Atme dabei 5 Sekunden ein und 8 Sekunden aus. Wiederhole die Übung mindestens 3 Mal.

____

____

JEDER TAG IST EIN KLEINES LEBEN FÜR SICH.

(Arthur Schopenhauer)

____

____

____

MANCHES VERGNÜGEN BESTEHT DARIN, DAS MAN MIT VERGNÜGEN DARAUF VERZICHTET.

(Peter Rosegger)

Gerade heute richte dein Bewusstsein auf die Dinge, die dir guttun und dein Gemüt zum Strahlen bringen. Erfreue dich an den Wolkenbildern, tanze mit den Launen des Windes und erfrische deine Sinne unter der Gießkanne des großzügigen Himmels. Begegne deiner Umwelt mit Freude und Spannung wie ein neugieriges Kind, das sorglos von Pfütze zu Pfütze springt.

____

____

____

WER IMMER VERSUCHT, ALLES RICHTIG ZU MACHEN, VERPASST VIELLEICHT DEN SCHÖNSTEN FEHLER SEINES LEBENS.

(Autor unbekannt)

Hast du schon einmal das Wort "Fehler" eruiert? Super, dann wirst du festgestellt haben, dass das Wort 'Fehler' erstmal nichts anderes bedeutet, als dass irgendetwas fehlt. Halb so schlimm. Denn wenn wir darum wissen, können wir diese Lücke füllen mit dem, was es braucht. Mache dir bewusst, dass du genug bist und alles mitbringst, was es braucht, um glücklich und vollkommen zu sein.

ES WAR NIEMALS EIN FEHLER. ES WAR IMMER EINE LEKTION.

(Autor unbekannt)

____

____

____

____

WEM GENUG ZU WENIG IST, DEM IST NICHTS GENUG.

(Epikur von Samos)

Setze dich vor eine leere Wand oder am besten vor einen Spiegel. Fühle dich genau dort hinein und beginne mit einem positiven Satz: "Ich bin ..., weil..."
Zum Beispiel: "Ich bin gut, weil man sich auf mich verlassen kann."
Findest du genügend Attribute, die dich im Licht erscheinen lassen? Schreibe mindestens 5 Gründe auf, weshalb gerade DU gut und liebenswert bist.

____

____

____

LOSLASSEN IST EIN ENERGIE-SPARPROGRAMM FÜR DEINE SEELE. ES ERSPART DIR ÄRGER, GROLL, HASS UND VERBITTERUNG.

(Autor unbekannt)

____

____

____

____

EIN WAHRER HELD IST EINER, DER SEINEN EIGENEN ÄRGER UND HASS BESIEGT.

(Dalai-Lama)

Hast du genug positive Energie in dir oder fühlst du dich ausgelaugt? Bist du mit Wut, Groll oder Stress erfüllt? Dann versuche folgende Übung: Visualisiere deine Daumen und lasse dort alles hineinfließen, was dich aufgebracht hat. Dann falte beide Hände jeweils zu einer Faust, indem du beide Daumen der jeweiligen Hand mit deinen anderen Fingern umklammerst. Packe fest zu. Strecke deine geballten Hände nach oben und "schmeiße" sie nach unten mit den Worten "JETZT". Dabei lässt du beide Daumen los und streckst alle Finger auseinander. Wiederhole die Übung so lange, bis du dich besser fühlst. Vielleicht hilft es dir, dir eine Wut-Skala von 1–10 vorzustellen und immer wieder nachzuspüren, wie es sich verändert.

8 Februar

DAS VERGLEICHEN IST DAS ENDE DES GLÜCKS UND DER ANFANG DER UNZUFRIEDENHEIT.

(Søren Aabye Kierkegaard)

—————————————————————————

—————————————————————————

—————————————————————————

9 Februar

JEDER WILL INDIVIDUELL SEIN, ABER WEHE, EINER IST ANDERS.

(Autor unbekannt)

Bleibe du selbst, denn jeder andere ist schon vergeben. Nur wenn du wahrhaftig DU selbst bist, gibst du deinen Mitmenschen auch die Gelegenheit, dass man dich als dich wahrnimmt.

—————————————————————————

—————————————————————————

—————————————————————————

—————————————————————————

ALLE SAGTEN: DAS GEHT NICHT. DANN KAM EINER, DER WUSSTE DAS NICHT, UND HAT ES GEMACHT.

(Hilbert Meyer)

Schenke dir einen Moment der Entspannung. Fokussiere dich, indem du tief ein- und ausatmest. Visualisiere dir dein Wochenziel, das ganz persönlicher Natur sein kann oder auf deinen Beruf ausgerichtet ist. Stelle dir nun das Gefühl vor, als hättest du dein Ziel bereits erreicht. Gib diesem Gefühl Platz, so dass es sich in jeder deiner Zellen ausbreiten kann und lasse es lebendig werden. Überprüfe am Ende der Woche, wie es dich beeinflusst hat.

____

____

____

WÄRE DIE FANTASIE REALISTISCH, WÄRE DIE REALITÄT FANTASTISCH.

(Autor unbekannt)

____

____

____

____

DAS, WAS DU WAHRNIMMST, IST REALER, ALS DAS, WAS DU DENKST.

(James Both)

Woher kommen deine Gedanken und Ideen? Eine spannende Frage, oder nicht?
Alles was du denkst, kannst du sein. Manchmal braucht es nur einen ersten Schritt, damit sich alles zu deinem Besten fügen kann. Schreibe einmal auf, was du dir wünschst und welche ersten Maßnahmen es braucht, um es zu realisieren. Sei dir sicher: Ist es deins, wird sich alles um dich herum fügen, damit es in dein Leben kommen darf.

Starte mit: Heute beginne ich ....

1.
2.
3.

Beginne innerhalb der nächsten 72 Stunden mit der Umsetzung. Warum 72 Stunden? Ganz einfach ... weil sonst der Wunsch nicht stark genug war. Und binnen dieser Zeit ist die Energie am stärksten, um sie in dein Projekt einfließen zu lassen.

BLEIBE REALISTISCH UND VERSUCHE DAS UNMÖGLICHE.

(Che Guevara)

____

____

____

____

WANN HAST DU ZUM LETZTEN MAL, WAS ZUM ERSTEN MAL GETAN?

(Autor unbekannt)

Wir ent-decken uns selbst am besten und immer dann, wenn wir Dinge tun, die wir noch nie zuvor getan haben. Vielleicht erfährst du dadurch, was du alles im Stande bist, zu leisten? Wohlmöglich wirst du Seiten an dir erkennen, denen du bislang noch nie wirklich deine Aufmerksamkeit schenktest. Es kann aber auch sein, dass Aspekte in dir hervortreten, die dir unangenehm erscheinen. Scheue dich nicht, auch diese auszuleben. Begrüße sie und schließe sie in dein Herz. Jede Situation im Außen schenkt dir die Möglichkeit, dein wahres ICH zu erschließen und dich erkennen zu lassen, wer du wirklich bist.

____

____

____

WER NICHT NACH INNEN GEHT, GEHT LEER AUS.

(Autor unbekannt)

____

____

____

KLEINE WEISHEITEN-GESCHICHTE:

Ein junger Mann kam zu einem alten Weisen.
"Meister", sprach er mit schleppender Stimme: "Das Leben liegt mir wie eine Last auf den Schultern. Es drückt mich zu Boden und ich habe das Gefühl, unter diesem Gewicht zusammenzubrechen."
"Mein Sohn" sagte der Alte mit einem liebevollen Lächeln, "das Leben ist leicht wie eine Feder."

"Meister, bei allem Respekt, aber hier musst Du irren. Denn ich spüre mein Leben Tag für Tag tonnenschwer auf mir lasten. Sage mir, was kann ich tun?"

"Wir sind es selbst, die uns Last auf unsere Schultern laden." sagte der Alte, noch immer lächelnd.

"Aber..." wollte der junge Mann einwenden.

Doch der alte Mann hob die Hand: "Dieses "Aber", mein Sohn, wiegt allein schon eine Tonne..."

WER SICH IMMER NUR BESCHWERT, DARF SICH ÜBER DIE LAST AUF SEINEN SCHULTERN NICHT WUNDERN.

(James Both)

Es darf auch leicht gehen. Aber wenn du dich immer nur beschwerst, dann wundere dich nicht, weshalb das Leben so schwerfällig ist.
Du alleine bist der Schöpfer deiner Realität. Welches Pferd möchtest du diese Woche nun füttern? Bronko – den schweren Gaul? Oder Fury, das galoppierende Pferde, das mit Leichtigkeit durch die Welt hüpft?
Jeden Moment entscheidest du dich neu. Versuche doch mal, dich für den leichten Weg, den hellen Gedanken zu entscheiden.
Beginne deine Woche mit dem Satz: Heute entschließe ich mich dazu, die Dinge zu nehmen, wie sie sind. Mit Leichtigkeit und nicht persönlich.

Manifestiere deinen individuellen Spruch, indem du ihn aufschreibst und förmlich inhalierst.

WAS AUS DEM RUDER LÄUFT, WIRF ÜBER BORD.

(James Both)

____

____

____

____

WER LOSLÄSST, HAT ZWEI HÄNDE FREI.

(Meister Han Shan)

Der Keller oder der Dachboden sind der Spiegel deiner Seele. Wie sieht es da bei dir aus? Hältst du noch an alten Dingen fest? Zum Beispiel an der Vergangenheit, der du noch nachsehnst? Erinnere dich, dass du mit nichts gekommen bist und diese Welt mit nichts verlassen wirst. Entledige dich der Dinge, die dir nicht mehr dienlich sind und die dich lediglich binden. Sei jetzt mutig genug, dich von deinem Ballast zu befreien.

____

____

____

WER SAGT: HIER HERRSCHT FREIHEIT, DER LÜGT. DENN FREIHEIT HERRSCHT NICHT.

(Erich Fried)

SPÜRE DIE GRENZENLOSE FREIHEIT DEINER SEELE.

(James Both)

Deine Seele ist der Ursprung deines Seins. Vor allem sie erinnert sich daran, wie es war, vollkommen frei zu sein. Was meinst du? Kommt daher unser Drang, immer wieder Freiheit verspüren zu wollen?
Was genau bedeutet für dich Freiheit? Welche irdischen Aspekte fesseln dich? Von welchen möchtest du dich im Hier und Jetzt lösen, um dich freier und freier zu fühlen?

MIT JEDER TRÄNE GREIFT DIE SEELE NACH DER FREIHEIT.

(Ernst Ramhofer)

Die Tränen sind die Waschstraße der Seele. Und jeder Abschied darf weh tun. Auf der anderen Seite befreit er uns und schafft somit Platz für neue Dinge, die unser Leben bereichern können. Wenn du hingegen belegt oder besetzt bist, wird es dir schwerfallen, Neues zu erfahren und in dein Leben integrieren zu können. Verschaffe dir jetzt Platz.

____

____

____

WER NUR ZURÜCK SCHAUT SIEHT NICHT, WAS AUF IHN ZUKOMMT.

(Autor unbekannt)

Richte dich aus. Richte deinen Blick nach innen und realisiere, dass alles war und nichts mehr ist, wie es einmal war. Du hast dich verändert. Und auch das Gefühl, dass du zu einer Situation in der Vergangenheit hattest, ist heute nicht mehr das Gleiche. Also warum sorgst du dich? Richte deine Aufmerksamkeit neu aus.
Schreibe 3 Sätze auf, die dich dabei unterstützen, mehr im Hier und Jetzt anzukommen.

Zum Beispiel: "Gerade heute bin ich dankbar, dass ich geliebt bin."

____

____

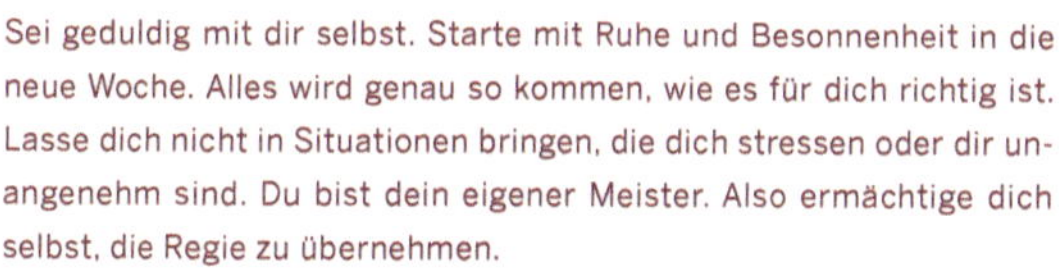

WENN DU MORGENS ZERKNITTERT BIST, HAST DU DEN GANZEN TAG ZEIT, DICH ZU ENTFALTEN.

(Autor unbekannt)

Sei geduldig mit dir selbst. Starte mit Ruhe und Besonnenheit in die neue Woche. Alles wird genau so kommen, wie es für dich richtig ist. Lasse dich nicht in Situationen bringen, die dich stressen oder dir unangenehm sind. Du bist dein eigener Meister. Also ermächtige dich selbst, die Regie zu übernehmen.

24 Februar

____

____

____

AUS JEDER SITUATION GIBT ES MEHRERE AUSGÄNGE – NUR AUF VERSCHIEDENEN ETAGEN.

(Wieslaw Brudzinski)

25 Februar

____

____

____

____

VIELE FINDEN KEINE LÖSUNG, WEIL SIE DAS PROBLEM BEWUNDERN.

(Autor unbekannt)

Woran hältst du noch fest? Welche (Alt)Lasten begleiten dich tagtäglich? Wenn dir bewusst wird, weshalb sie an dir haften und du verstehst, welchen Nutzen du noch daraus ziehst, wird es dir leicht fallen, diese Stück für Stück loszulassen.

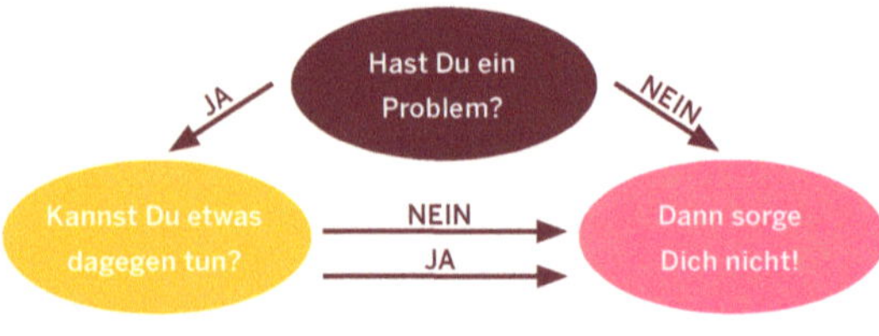

____

____

EIN GROSSER TEIL DER SORGEN BESTEHT AUS UNBEGRÜNDETER FURCHT.

(Jean Paul Sartre)

____

____

____

____

LASSE DIE VERGANGENHEIT LOS. UND DIE VERGANGENHEIT WIRD DICH LOSLASSEN.

(Autor unbekannt)

Nimm dir ein paar Minuten Zeit und schließe deine Augen. Atme tief ein und aus. Begib dich gedanklich in einen Raum, der dir Sicherheit schenkt. Nun visualisiere dir einen hellblauen Kreis, in dem du stehst. Zeichne dir in deinem Geiste einen weiteren Kreis vor dich. Genau so, dass sich beide Kreise überschneiden. Platziere eine Situation oder eine Person in den anderen Kreis dir gegenüber und schaue, was geschieht. Gibt es Klärungsbedarf? Gehe in die Kommunikation und frage, welche Verletzungen noch vorherrschen – bei dir selbst, der Person gegenüber oder der Situation, die sich dir zeigt. Was es braucht, um Heilung zu erreichen? Vielleicht gibt es eine Farbe, die dir hierzu einfällt? Vielleicht ein paar achtsame Worte der Verzeihung oder der Entschuldigung? Sei offen und ehrlich, vor allem mit dir selbst. Wenn die Situation befriedet ist, bedanke dich und lösen dich aus diesem Kreis. Nimm ein paar tiefe Atemzüge und komme wieder ganz zurück ins Hier und Jetzt.

DIE SUMME UNSERES LEBENS SIND DIE STUNDEN, IN DENEN WIR LIEBTEN.

(Wilhelm Busch)

Carpe Diem. Heute wird dem Jahr ein zusätzlicher Tag geschenkt. Schaltjahr. Fülle ihn mit Dankbarkeit und Liebe und beschenke dich dadurch selbst.

____

____

____

____

WENN SIE DEINE PERSÖNLICHKEIT NICHT KENNEN, DANN NIMM ES AUCH NICHT PERSÖNLICH.

(Autor unbekannt)

Wie viel weißt du über dich? Hast du dich in deiner Vollkommenheit bereits vollends erfasst?

Wahrscheinlich nicht. Denn jeden Tag hast du die Chance, dich neu kennen zu lernen. Gerade in der Begegnung mit anderen Menschen darfst du neue Seiten an dir entdecken. Stelle dir die Frage: "Was löst dieser Mensch oder sein Verhalten bei mir aus?" Und warum reagiere ich auf die ein oder andere Weise? Entdecke dadurch, welche 'Gesichter' noch in dir schlummern und begegne ihnen mit Achtsamkeit, Annahme und Liebe.

DAS VERGLEICHEN IST DAS ENDE DES GLÜCKS UND DER ANFANG DER UNZUFRIEDENHEIT.

(Søren Aabye Kierkegaard)

WIE SOLLEN ANDERE DICH ERKENNEN, WENN DU DICH SELBST NOCH NICHT ERKANNT HAST?

(James Both)

Wie sehr liebst du dich? Welche Wertschätzung bringst du dir selbst entgegen? Und wie sollen andere deinen Wert erkennen und dich wertschätzen, wenn du selbst deinen eigenen Wert noch nicht erkannt hast?

Gib dir jetzt genau 60 Sekunden und schreibe mind. 8 Aspekte auf, die du an dir wertschätzt.

1.
2.
3.
4.
5.
6.
7.
8.

ICH WILL MICH NICHT BESSER MACHEN ALS ICH BIN – SAGT SO MANCHER – UND MACHT ANDERE SCHLECHT.

(Autor unbekannt)

VIELE MENSCHEN HINTERLASSEN SPUREN; NUR WENIGE HINTERLASSEN EINDRÜCKE.

(Werner Mitsch)

*Lösung vom 23.01.

Wahrscheinlich hast du dich vergessen bei den vier wichtigsten Menschen ;) Dabei spielst DU doch die Hauptrolle in deinem eigenen Leben! Ohne DICH gäbe es kein DU. Vergiss dich nicht und lerne, dich an die 1. Position zu stellen. Lege die Idee ab, dass du als Egoist abgestempelt wirst.

GLAUBE NICHT ALLES, WAS DU DENKST.

(Autor unbekannt)

KLEINE WEISHEITEN-GESCHICHTE:

Ein Mann fand eines Tages seine Axt nicht mehr. Er suchte und suchte, aber sie blieb verschwunden. Er wurde ärgerlich und verdächtigte den Sohn seines Nachbarn, die Axt gestohlen zu haben.

Er beobachtete den Sohn seines Nachbarn ganz genau. Und tatsächlich: Der Gang des Jungen war der Gang eines Axtdiebes. Die Worte, die er sprach, waren die Worte eines Axtdiebes. Sein ganzes Wesen und sein Verhalten waren die eines Axtdiebes.

Am Abend fand der Mann die Axt unter einem großen Holzstapel.

Am nächsten Morgen sah er den Sohn seines Nachbarn erneut. Sein Gang war nicht der, eines Axtdiebes. Seine Worte waren nicht die, eines Axtdiebes und auch sein Verhalten hatte nichts von einem Axtdieb.

"nach Lao Tse"

DAS, WAS DU ÜBER ANDERE DENKST, BIST DU SELBST.

(Autor unbekannt)

Aus deiner Wahrnehmung heraus entstammt deine Wahrheit. Sie beruht vor allem auf deine ganz persönlichen Erfahrungen mit deiner Umwelt. Seit den jüngsten Tagen haben sie dich geprägt und in dir ist über Jahre ein Bild von Menschen und Dingen entstanden, die du heute als gegeben hinnimmst. Wenn du jedoch reflektiert bist, wirst du erkennen können, dass alles deinem (Welt)Bild entstammt. Frage dich deshalb, warum du die Dinge so siehst, wie du sie siehst und ob nicht auch andere Wahrheiten wahrhaftig sein könnten.

____

____

____

WER GLAUBT, ETWAS ZU SEIN, HAT AUFGEHÖRT, ETWAS ZU WERDEN.

(Sokrates)

____

____

____

____

DAS BESTE PROJEKT, AN DEM DU JEMALS ARBEITEN WIRST, BIST DU SELBST.

(Autor unbekannt)

Strebe nach dem Besten und erfreue dich an deinem Sein. Jeden Tag aufs Neue. Sei dankbar, dass du bist wie du bist. Mit all den Erfahrungen, die dich deine Mitmenschen und Situationen gelehrt haben. Höre nicht auf, dich zu ent-wickeln. Dafür stecken noch zu viele unentdeckte Facetten, Talente und Seiten in dir. Vielleicht ist heute ein guter Tag, um etwas zu tun, was du bislang noch nie ausprobiert hast? Nutze diesen Tag dazu, eine neue Seite an dir zu erfahren.

____

____

____

NIEMAND WÄCHST, WENN WENIG VON IHM ERWARTET WIRD.

(Les Brown)

____

____

____

____

EIN MENSCH SCHAUT ZURÜCK UND SIEHT: SEIN UNGLÜCK WAR SEIN GLÜCK.

(Eugen Roth)

Heute ist der 13. März. Wohlmöglich ein Freitag. Also der von vielen gefürchtete Freitag, der Dreizehnte. Glaubst du an das Schicksal? Oder nimmst du alles als gegeben hin?
Wie bis du konditioniert?
Lass dich heute dazu inspirieren, dass dieser Tag ein sensationeller Tag für dich werden wird. Du kannst also ganz entspannt bleiben und dich im Vertrauen wiegen, dass alles gut und richtig ist. Was gefällt dir heute besonders gut? Gibt es eine Lücke zwischen den Wolken, die die Sonnenstrahlen durchlässt oder erfreut sich der erste Krokus über den Regen, durch den er wachsen darf?

Beginne den Tag mit vielen positiven Gedanken und er wird dein Freund.

____

ES GIBT ÜBERALL BLUMEN FÜR DEN, DER SIE SEHEN WILL.

(Henri Matisse)

____

____

____

____

MEDITATION –
DIE BLUME DEINES LEBENS

(Podcast unter www.james-both.de)

Male nun die Blume deines Lebens, wie du sie gesehen hast. Nutze auch
Farben dazu und nimm dir die Zeit, die es dafür braucht.

*Auflösung folgt

SPRICH AUS, WAS DU
EMPFINDEST UND DU VERMEIDEST
DEINE SELBSTZERSTÖRUNG.

(I. Rauthmann)

Neue Woche, neue Chance. Nämlich dafür, dir selbst mehr Ausdruck zu
verleihen und zu dir selbst zu stehen. Welche sind deine Wünsche? Wo
braucht es deine Meinung und was brennt dir auf der Seele? Finde klare und
aussagekräftige Sätze. Versuche dabei ganz bei dir zu bleiben und ICH-Aus-
sagen zu verwenden. Zum Beispiel: "Ich fühle mich verletzt." "Ich habe
Angst, meine Meinung zu äußern und anderen vor den Kopf zu stoßen. Denn
dabei fühle ich mich unwohl."

____

____

____

DIE SPRACHE IST DIE KLEIDUNG DER GEDANKEN.

(S. Johnson)

IN DER STILLE WERDEN WAHRE WORTE LAUT.

(James Both)

Die Qualität deiner Wahrnehmung ändert sich eklatant, wenn du bewusst in die Stille gehst. Lege also dieses Buch zur Seite und nimm dir einige Minuten für dich. Schließe deine Augen, atme tief ein und aus und lenke deinen Atem beim Ausatmen nach unten, beim Einatmen nach oben. Wiederhole diese Übung, bis du ganz bei dir angekommen bist. Vielleicht magst du dir nun eine Situation in dein Geist rufen, bei der du nach einer Antwort oder um Hilfe suchst. Vertraue dabei auf dein Gefühl, das sich nun ausbreiten darf. Sei dir gewiss, dass du alle Antworten bereits in dir trägst. Lasse dieses Gefühl nun lauter werden, so dass du es zu einem Satz formulieren kannst.

WENN DIE LIPPEN SCHWEIGEN, HAT DAS HERZ HUNDERT ZUNGEN.

(Rumi)

Blättere zurück zum 15.03. und betrachte die Blume deines Lebens. Was siehst du heute in ihr? Mache dir Notizen.

Welche Farbe haben die Blüten? Welches Gefühl löst die Farbe in dir aus? Ist sie mehrfarbig?

Besitzt sie Blüten oder Knospen? Wie ist die Beschaffenheit der Blüten?

Ist deine Blume gut versorgt? Steht sie im Wasser oder besser noch: Besitzt sie Wurzeln oder ist die Blume beschnitten?

Was braucht deine Pflanze, um noch mehr zu florieren?

Die Blume deines Lebens ist eine Momentaufnahme. Sie zeigt dir, wie dein jetziger Seelenzustand ist. Was braucht also deine Seele zurzeit? Buntere Farben, Wurzeln zu deinem Ursprung oder deiner Herkunftsfamilie – deinen Eltern oder Ahnen? Bist du gut genährt? Reflektiere deine Antworten und Erkenntnisse und transferiere sie auf deinen Ist-Zustand.

NUR DEM FRÖHLICHEN BLÜHT DER BAUM DES LEBENS.

(Ernst Moritz Arndt)

WER ANDERN EINE BLUME SÄT, BLÜHT SELBER AUF.

(Autor unbekannt)

Gerade jetzt tue dir etwas Gutes. So düngst du zeitgleich deine Seelenblume. Ganz egal, ob du heute zum Sport gehst, ein längeres Telefonat mit deinen Liebsten führst, oder ob du einfach nur relaxen möchtest. Bewusste Zeit für dich erhöht deine Lebensqualität und bringt dir ZuFRIEDENheit.

23 März

DAS KALTE WASSER WIRD NICHT WÄRMER, WEIL DU SPÄTER SPRINGST.

(Autor unbekannt)

24 März

DEIN WEG BEGINNT DORT, WO DU AUFHÖRST, ANDEREN ZU FOLGEN.

(Autor unbekannt)

DU WEISST, DASS DU LEBST, WENN DU AUS DEINER ROLLE FÄLLST.
(James Both)

Im Laufe deines Lebens durftest du dich mehr und mehr daran gewöhnen, Rollen einzunehmen, damit du dich später in der Gesellschaft zurechtfindest, anerkannt und akzeptiert wirst. Doch widerstrebt es nicht deiner eigenen Natur? Geht es nicht vielmehr darum, dich deiner vielen Rollen zu entledigen, um herauszufinden, wer du wirklich bist? Du wirst dein Glück weder in Dingen noch Rollen in finden, die dir übergestülpt wurden. Noch in Maskeraden, die du dir selbst konstruiert hast. Sobald du anfängst, diese Rollen von dir abzustreifen, wirst du entdecken, wer du wirklich bist und schon immer warst. Weder die Farben deiner Kleider noch die deiner Schminke werden jemals den Strahlenglanz deiner Seele annehmen können.

____

____

SEI DU SELBST UND DIE WELT PASST SICH AN.
(Autor unbekannt)

____

____

____

____

DIE GRÖSSTE TRAGÖDIE IM LEBEN IST NICHT DER TOD, SONDERN EIN LEBEN OHNE SINN UND ZIEL.

(Autor unbekannt)

Wir alle haben uns schon mal die Frage gestellt, was der Sinn unseres Daseins ist. Gibt es einen größeren Plan, bin ich hier nur zu Gast oder wird mein gesamtes Wirken sich in dem einen Moment in Staub und Asche verwandeln?

Diejenigen, die ständig nach dem Sinn des Lebens fragen, dürfen sich reflektieren und sich die Frage stellen: "Ist es der Sinn meines Lebens, nach dem Sinn meines Lebens zu suchen?"

In solchen Fragen können wir uns verrennen, während das Leben an uns vorbeizieht. Also warte nicht und fange jetzt an, dich glücklich zu machen.

____

HEUTE IST DER ERSTE TAG VOM REST DEINES LEBENS.

(Elisabeth Lukas)

____

____

____

____

STIRB NICHT, BEVOR DU TOT BIST.

(Autor unbekannt)

DU LÄCHELST UND DIE WELT VERÄNDERT SICH.

(Buddha)

Wahrhaftiges Lachen ist der Freudentanz deiner Seele. Wann hast du das letzte Mal aus tiefstem Herzen gelacht? Erlaube dir in diesen Tagen herzhaft zu lachen. Und selbst wenn du dir dabei lächerlich vorkommst – wunderbar. Ich wünsche dir Bauschmerzen vor Lachen.

WER SCHÖN SEIN WILL
MUSS ~~LEIDEN.~~ *lachen*

(Autor unbekannt)

ES GEHT NICHT DARUM, DEM LEBEN MEHR TAGE ZU GEBEN, SONDERN DEM TAG MEHR LEBEN.

(Cicely Saunders)

"Einfach nur kindisch" – kennst du diesen Satz? Der fiel vielleicht immer dann, wenn du in den Augen der Erwachsenen etwas Lachhaftes getan hast. Es könnte aber auch sein, dass dir das im Erwachsenenalter ebenso widerfahren ist. Super. Denn heute hast du Narrenfreiheit. April, April. Lasse deinem inneren Kind freien Lauf.

SEI PIPPI.
NICHT ANNIKA.

(Autor unbekannt)

SEI DU SELBST. ALLE ANDEREN SIND SCHON VERGEBEN.

(Oscar Wilde)

Du bist nicht nur du selbst. Du bist ein kreatives Abbild von dem, was ist. Was hindert dich also daran, ganz DU SELBST zu sein? Ist es die Gesellschaft? Die Erwartungen, die von ihr ausgehen? Kannst du dir vorstellen, dass du Farbe und Kreativität in das Leben anderer, dieser Welt bringst und sie in ihre eigenen Prozesse? Versuche gerade in diesen Tagen, einfach deine 'verrückte' Seite ans Tageslicht zu bringen und erfahre, was es mit deiner Umwelt macht.

4 April

ALLE WOLLEN INDIVIDUELL SEIN, ABER WEHE, EINER IST ANDERS.

(Autor unbekannt)

5 April

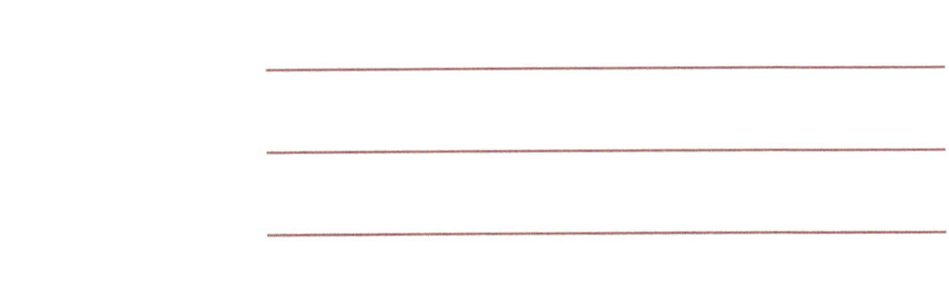

VERURTEILE NICHT DIE MITSPIELER, SONDERN DAS SPIEL.

(Autor unbekannt)

Erkenne, dass die Spiele des Lebens nur dadurch entstehen können, dass mindestens zwei daran teilnehmen. Verstehe, welcher Anteil in dir sich dazu bereit erklärt hat, mitzuspielen. Welche Lektionen darfst du daraus noch lernen? Welchen Regeln unterwirfst du dich, die dir vielleicht widerstreben, nur um mitspielen zu können? Wenn du in der Lage bist, die Regeln zu erkennen, kannst du sie ändern. Beginne, deine eigene Regie zu führen.

IRGENDWO IST JEMAND GLÜCKLICHER MIT WENIGER, ALS DU HAST.

(Autor unbekannt)

Jede Situation, in die DU dich begibst, verdient ein Stück Dankbarkeit. Sie ist nicht ohne Grund in dein Leben getreten. Entweder hast du sie selbst initiiert oder sie wurde dir geschickt, um dich zu hinterfragen, ob du schon soweit bist. Sieh es als Herausforderung, die es zu meistern gilt.

____

____

____

____

NICHT ALLES, WAS DU DIR HEUTE ZUM GLÜCK WÜNSCHST, WIRD DIR MORGEN AUCH GLÜCK BRINGEN.

(Autor unbekannt)

____

____

____

DAS GLÜCK BEFINDET SICH ENTLANG DER STRASSE. NICHT AM ENDE DES WEGES.

(David Dunn)

Und vielleicht geht es gar nicht um das Happy End, sondern um die Geschichte selbst? Im besten Fall bist du die Person, die ihre Geschichte selbst schreibt. Wieso fängst du nicht gleich damit an und schreibst dir drei bis vier Punkte auf, die du diese Woche noch erleben möchtest?

1.
2.
3.
4.

JEDER MOMENT IST EIN ORT, AN DEM DU NOCH NIE WARST.

(Autor unbekannt)

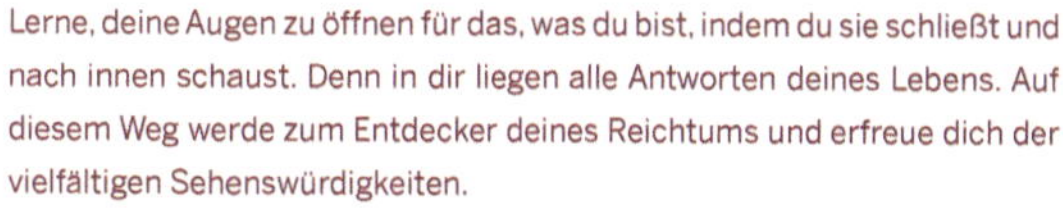

(James Both)

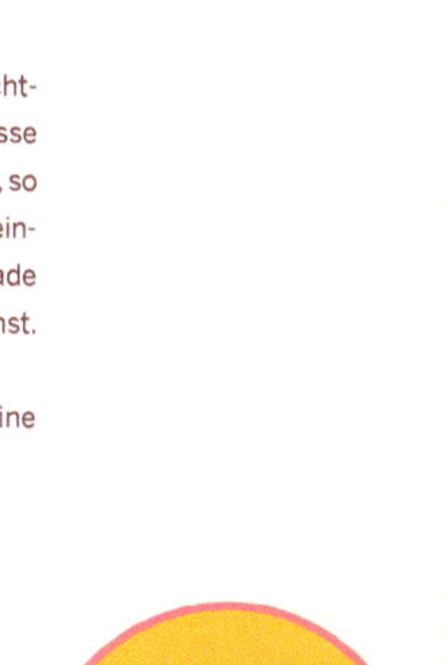

Lerne, deine Augen zu öffnen für das, was du bist, indem du sie schließt und nach innen schaust. Denn in dir liegen alle Antworten deines Lebens. Auf diesem Weg werde zum Entdecker deines Reichtums und erfreue dich der vielfältigen Sehenswürdigkeiten.

Am besten nimmst du dir ein paar Minuten, schließt deine Augen und richtest deine Aufmerksamkeit auf deinen Atem und auf deinen Körper. Lasse deinen Atem in jede deiner Zellen fließen. Wenn du Blockaden entdeckst, so verweile dort und lasse noch bewusster deinen Atem genau dort hineinfließen. Vielleicht erhältst du auch eine Antwort, weshalb sich die Blockade dort manifestiert hat? Mache sie zu deinem Freund, indem du sie annimmst. Das ist der erste Weg zur Besserung.
Komme nun in deinem Tempo wieder ins Hier und Jetzt und öffne deine Augen. Spüre nach, wie sich dein Körperbewusstsein verändert hat.

(Anke Maggauer-Kirsche)

____

____

____

12
April

WER NACH AUSSEN SCHAUT, TRÄUMT. WER NACH INNEN SCHAUT, ERWACHT.

(C.G. Jung)

Übung: Mudra

Der Begriff 'Mudra' bedeutet im Sanskrit 'Siegel'. Mudras sind sehr wirkungsvolle Handgesten, denen gesundheitsfördernde Wirkungen nachgesagt werden. Die Fingerhaltung hat dabei Einfluss auf die Energien des Körpers und wirken sich stimulierend auf die Meridiane aus.

Das Shuni Mudra

Lasse die Spitzen der Mittelfinger und der Daumen sich berühren. Schließe dabei deine Augen und fühle hinein. Atme tief ein und aus. Lasse deine Lungen sich mit neuer Energie füllen.
Diese Übung wird dich dabei unterstützen, bewusster im Moment zu sein und macht dich zusätzlich geduldiger.

13
April

ES KOMMT IMMER ANDERS, WENN MAN DENKT.

(Autor unbekannt)

Herz über Kopf. Höre auf dein Gefühl. Dein Herz war vor deinem Kopf auf dieser Welt.

____

____

____

____

DIE SCHWACHEN MOMENTE DES KOPFES SIND OFT DIE SCHÖNSTEN STUNDEN DES HERZENS.

(Autor unbekannt)

ACHTE AUF DEINE GEDANKEN, DENN SIE WERDEN WORTE. ACHTE AUF DEINE WÖRTE, DENN SIE WERDEN HANDLUNGEN. ACHTE AUF DEINE HANDLUNGEN, DENN SIE WERDEN GEWOHNHEITEN. ACHTE AUF DEINE GEWOHNHEITEN, DENN SIE WERDEN DEIN CHARAKTER. ACHTE AUF DEINEN CHARAKTER, DENN ER WIRD DEIN SCHICKSAL.

(Autor unbekannt)

MANGEL ENTSTEHT IM KOPF. FÜLLE IM HERZEN.

(Autor unbekannt)

DER MENSCH SIEHT IN DER WELT, WAS ER IM HERZEN TRÄGT.

(Autor unbekannt)

Wie siehst du deine Umwelt? Bist du vielleicht gerade gebrochen, zerknittert, enttäuscht? Oder lebst du in Fülle und könntest die Welt umarmen? In welchem emotionalen Zustand du dich auch befindest, gib diesem Raum und lebe es aus. Dein Herz gibt den Takt vor. Tanze danach.

18 April

WENN DU MAL INS STRAUCHELN GERÄTST, MACH ES ZUM TEIL DEINES TANZES.

(Autor unbekannt)

19 April

KLEINE WEISHEITEN-GESCHICHTE:

Es war einmal ein Zirkusbär.

Sein Zuhause bestand aus einem kleinen Käfig. Er war bereits in einem solchen Käfig geboren worden und verbrachte seine Freizeit damit, in diesem Käfig zehn Schritt vorwärts zu machen und wieder zehn Schritte rückwärts. Irgendwann beschloss der Zirkusdirektor, den Zirkus aufzugeben, da er nur noch Verluste machte. Er fuhr mit dem Bären in den Wald, stellte den Käfig ab und öffnete die Tür, bevor er abfuhr.

Der Bär steckte die Nase aus der offenen Käfigtüre. Nun stand ihm die Welt offen für ein Leben als freier Bär.

Der Bär sprang aus dem Käfig. Er stapfte einen Schritt vorwärts, vier, sechs, acht, neun... Aber nach dem zehnten Schritt ging der Bär wieder zehn Schritte rückwärts...

nach Bert Hellinger

GEWOHNHEIT, SITTE UND BRAUCH SIND STÄRKER ALS DIE WAHRHEIT.

(Voltaire)

DIE PERSON, DIE EINEM AM HÄUFIGSTEN BETRÜGT, IST MAN OFT SELBST.

(Autor unbekannt)

Wir sind Gewohnheitstiere und verlassen nur sehr ungern unser wohl gepflegtes, behütetes und in Geheimnissen verdecktes Gefilde. Dabei ist es vollkommen in Ordnung, kein offenes Buch zu sein. Wir brauchen diesen Rückzugsraum. Es könnte dir dennoch daran gelegen sein, diesen hin und wieder aufzuräumen. Es befreit dich von (Alt)Lasten und bringt Zufriedenheit.

Welche Altlast würdest du gerne loswerden?

Schreibe es auf. Ganz für dich alleine. Hüte diese Wahrhaftigkeit.

*Auflösung folgt.

____

LOSLASSEN BRINGT GELASSENHEIT.

(Autor unbekannt)

____

____

____

____

LOSLASSEN KOSTET WENIGER KRAFT, ALS FESTHALTEN. UND DENNOCH IST ES SCHWERER.

(Detlev Fleischhammel)

Rituale tun jedem Menschen gut. Sie geben uns Halt. Sie haben zudem die Kraft, neue Energien freizusetzen. Im Vertrauen darauf, dass sie wiederkehren, evozieren sie in uns das Gefühl der Geborgenheit und der Stärke. Ein guter Tag also, um heute das loszulassen, was dich schon eine Zeit lang begleitet.

*Vollbringe folgendes Ritual.

Entzünde eine Flamme. Vielleicht nimmst du dafür ein Stück Papier und legst es in einen Topf. Zünde es an und lege darin das Papier vom 22.04. Vielleicht möchtest du dabei von schöner Musik begleitet werden oder ein Gebet dazu sprechen. Bitte um Transformation, dass nun das gehen darf, was dich allzu lang belastet hat. Gehe dabei in das alte Gefühl hinein und verbrenne es gleichzeitig mental.

NIEMAND IST FREI, DER ÜBER SICH SELBST NICHT HERR IST.

(Matthias Claudius)

WER GELERNT HAT, SICH SELBST ZU BEHERRSCHEN, DEM VERGEHT DIE LUST, ANDERE BEHERRSCHEN ZU WOLLEN.

(Harry S. Haskins)

Wenn du ganz bei dir bleiben möchtest, gibt es eine schöne Möglichkeit, wie du dies innerhalb kürzester Zeit erreichen kannst. Hierbei stimulierst du, mittels Klopfen, deine Thymusdrüse. Sie bringt dich nicht nur in die Ruhe – übrigens eine praktische Übung, falls du mal vor Leuten sprechen musst –, sondern sie sorgt für sofortige Entspannung und neuer Energie. Dabei benutzt du Zeige-, Mittel- und Ringfinger. Setzt diese am Brustbein an und wanderst dann vier bis fünf Zentimeter nach oben. Dort klopfst du circa zwei- bis dreimal mit den Fingerspitzen. Probiere es gleich mal aus.

____

____

IN EINEM DANKBAREN HERZEN HERRSCHT EWIGER SOMMER.

(Celia Layton Thaxter)

Schenke dir einen Moment der Reflektion. Vielleicht nur wenige Minuten. Benenne fünf Punkte, für die du heute dankbar bist. Auf los geht's los. LOS.

1.
2.
3.
4.
5.

____

____

ES HÖRT DOCH JEDER NUR, WAS ER VERSTEHT.

(Goethe)

DU WEISST NICHT, WIE SCHWER DIE LAST IST, DIE DU NICHT TRÄGST.

(Harry S. Haskins)

Jeder Mensch darf sich glücklich schätzen, jeden Morgen aufzustehen, mit dem Wissen, gesund zu sein. Wie wäre es, wenn du dich heute reich beschenkst und dankbar dafür bist, dass es dir heute gut geht oder dir ein guter Tag bevorsteht?

Schreibe dir hierzu ein paar Punkte auf, weshalb heute ein guter Tag für dich werden wird!

30
April

WO VIELE HÄNDE SIND, IST DIE LAST NICHT SCHWER.

(Autor unbekannt)

1
Mai

KLAR, DASS ALLE HINTER DIR STEHEN, WENN DIE KUGEL VON VORNE KOMMT.

(Autor unbekannt)

Welchen Menschen bist du aus tiefstem Herzen dankbar? Es ist nicht selbstverständlich, jemanden beiseite zu stehen – und zwar bedingungslos! Wann hast du diesen Menschen zuletzt deine Dankbarkeit gezeigt? Nimm wieder Kontakt auf und lasse es sie wissen. Es ist immer der richtige Zeitpunkt, Dankbarkeit zu äußern!

EIN FREUND IST EIN MENSCH, VOR DEM MAN LAUT DENKEN KANN.

(Ralph Waldo Emerson)

WAR DEINE WOCHE NICHT DEIN FREUND, WAR SIE DEIN LEHRER.

(Autor unbekannt)

Schwarzmalerei oder positives Denken? Du entscheidest dich. Aber aufgeben kannst du bei der Post! Der Frühling ist bereits eingezogen und es wird Zeit, dass auch du aufblühst und dich über neues Leben erfreust. Werde dir gewahr, dass alles, was dir in deinem Leben widerfährt, etwas mit dir und deiner Einstellung zu tun hat. Lerne aus den Fehlern der Vergangenheit. Schätze und ehre sie. Sie sind die Lehrmeister deines Lebens. Wenn du sie nicht erkennst und verstehst, darfst du sie erneut willkommen heißen.

UNSERE ELTERN SIND DIE GRÖSSTEN LEHRMEISTER UNSERES LEBENS.

(James Both)

Unsere Eltern sind dies auf Lebenszeit. Sie lehren uns, wie das Leben funktioniert. Welche Dankbarkeit kannst du deinen Eltern entgegenbringen?

Hast du eine widerstrebende Kindheit verbracht? Wie auch immer du "groß" geworden bist, ein Satz steht IMMER am Ende: "Danke, für mein Leben".

Lasse dieses Gefühl präsent sein und es in dein "vielleicht gebrochenes" Herz einfließen, um ein Stück Heilung zu erfahren.

____

____

____

DU LIEBST. DU LEBST. DU LACHST. DU WEINST. DU VERLIERST. ABER DU LERNST.

(Autor unbekannt)

____

____

____

OHNE 'DU' KEIN 'ICH'.

(Autor unbekannt)

Wer bist du, ohne ein weiteres DU? Du würdest es niemals erfahren. Deine Eltern haben dich gelehrt, wer und wie du bist. Du darfst dich von diesen Dogmen aber auch befreien. Es war ihre Vorstellung. Im optimalen Fall haben sie dich nach ihrem besten Willen und Wissen erzogen. Das gilt es zu würdigen. Alles andere bindet dich und lässt dich nicht frei sein.

____

____

____

____

WIR MISSDEUTEN DIE WELT UND SAGEN DANN, SIE TÄUSCHE UNS.

(Rabindranath Tagore)

____

____

____

WAHRE STÄRKE KANN SICH TOLERANZ, VERSTÄNDNIS UND GÜTE LEISTEN.

(Tilly Boesche-Zachorowski)

Wenn du selbst Mutter oder Vater bist, wirst du diesbezüglich schon oft auf die Probe gestellt worden sein. Ist dir bewusst, dass dein Kind ein Spiegel deines Selbst ist? Das Leben besteht aus Lehren und Lernen. Erkenne dich selbst in deinem Kind. Erkenne dein eigenes Kind. Es wird immer wieder in dir angetriggert und darf dazulernen.

EIN GUTER LEHRER BLEIBT EIN SCHÜLER BIS AN DAS ENDE SEINER TAGE.

(Autor unbekannt)

LIEBE DENJENIGEN, DER ES AM WENIGSTEN VERDIENT HAT, DENN ER BRAUCHT ES AM MEISTEN.

(Autor unbekannt)

Mit welchen Menschen in deinem Umfeld stehst du auf Kriegsfuß? Wem hast du etwas noch nicht verziehen?

Mache dir diese Woche Gedanken hierzu. Lasse vor allem das Gefühl da sein, das bei dir in diesem Moment entsteht. Ist es Kränkung, Verletzung, Herzschmerz, Wut oder Trauer? Gib deinen Gefühlen Raum.
Diese Zeilen sind für dich allein bestimmt. Sei ehrlich und schreibe den Namen der Person auf und das Gefühl, das dich hierzu begleitet. Das Aufschreiben ist auch immer eine Form der Wahrhaftigkeit und des Loslassens.

1.
2.
3.
4.
5.

CLOSE YOUR EYES TO EXIT.

(Autor unbekannt)

____

____

____

____

LERNE LOSZULASSEN. DAS IST DER SCHLÜSSEL ZUM GLÜCK.

(Buddha)

Es sind die negativen Gedanken und Erinnerungen, die uns immer wieder festhalten lassen. Die Mauern, die du dir, vielleicht aus Schutz, aufgebaut hast. Es sind genau diese Aspekte, die dich nicht frei leben lassen. Bringe Frieden in die Erlebnisse mit den Menschen, die dich verletzt haben. Es befreit und befriedet in erster Linie dich selbst.

____

____

____

DAS LEBEN FINDET
OFFLINE STATT.

(Autor unbekannt)

Lasse dich nicht messen an der Anzahl deiner Likes oder deiner Follower. Es wird immer Menschen geben, denen dein Standpunkt nicht passt. Dein soziales Wesen vereinsamt in der digitalen Welt, in der alles möglich scheint. Doch hier ist vieles Schall und Rauch. Du bist nicht multimedial auf die Welt gekommen und so wirst du sie auch nicht verlassen. Und es werden nicht die Momente sein, an die du dich zurückerinnerst. Es sind die Momente der Begegnungen, – vor allem auf Herzensebene –, die wir mitnehmen werden.

____

____

____

IN DER ERFAHRUNG DER LIEBE BEGINNT DIE WELT AUFS NEUE – IN JEDEM AUGENBLICK.

(Autor unbekannt)

____

____

____

LIEB DOCH, WEN DU WILLST.

(Autor unbekannt)

KLEINE WEISHEIT:

WAS ES IST

Es ist Unsinn sagt die Vernunft
Es ist, was es ist, sagt die Liebe

Es ist Unglück, sag die Angst
Es ist aussichtslos sagt die Einsicht
Es ist, was es ist, sagt die Liebe

Es ist lächerlich, sagt der Stolz
Es ist Leichtsinn, sagt die Vorsicht
Es ist unmöglich, sagt die Erfahrung
Es ist, was es ist, sagt die Liebe

WENN DU DIE LIEBE DEINES LEBENS SEHEN WILLST, SCHAUE IN DEN SPIEGEL.

(Byron Katie)

GERADE HEUTE SEI DIE BESTE VERSION DEINES SELBST.

(Autor unbekannt)

Sind wir mal ehrlich. Wie gut fühlen wir uns, wenn wir uns selbst etwas Gutes tun? Und erst, wenn wir anderen etwas Gutes tun? Also sei ruhig Egoist, wenn du anderen hilfst. Wenn es dir ein gutes Gefühl gibt, nimm es auf und lass es in deinem Herzen wachsen. Wenn es wahrhaftig ist, wirst du damit nicht mal prahlen müssen.

____

____

____

____

PRAHLEREI IST NUR SCHAMGEFÜHL UNTER FALSCHER MASKE; SIE GLAUBT NICHT WIRKLICH AN SICH.

(Rabindranath Thakur)

Spiele keine Spiele mit falschen Karten. Es belastet nur dich selbst. Hier soll nicht der Moralapostel in dir zum Leben erweckt werden, sondern der Mensch, der zu sich selbst stehen kann und in der Größe ist, sich mit sich selbst zu konfrontieren. Bleibe aufrichtig mit dir und deinen Mitmenschen. Du wirst dich gut fühlen.

Wem möchtest du schon des Längeren deine Meinung sagen? Heute hast du die Chance, zu dir zu stehen, deinen Bedürfnissen und Belangen Ausdruck zu verleihen und dich selbst von den Ketten der auferlegten Moral zu befreien.

____

____

26 Mai

MORALISCHE ENTRÜSTUNG IST DER HEILIGENSCHEIN DER SCHEINHEILIGEN.

(Helmut Qualtinger)

____

____

____

____

27 Mai

DER TOD DEINES EGOS WIRD DER BEGINN DEINES WAHREN LEBENS SEIN.

(Osho)

'Mehr Schein als Sein' oder 'fake it, until you make it'? Wer hat nicht schon den ein oder anderen Satz gehört oder gar gelebt? Es wird immer einen guten Grund geben, den Schein aufrecht zu erhalten. Meistens, weil er uns dient und nutzt. Zugleich jedoch wird er missbraucht zum Zwecke des Mangelgefühls in uns selbst.

Wenn du heute ganz ehrlich zu dir sein kannst, dann schreibe 5 Dinge auf, von denen du glaubst, du besäßest zu wenig davon.

1.
2.
3.
4.
5.

____

DAS LEBEN IST KEIN PROBLEM, DAS ES ZU LÖSEN, SONDERN EINE WIRKLICHKEIT, DIE ES ZU ERFAHREN GILT.

(Buddha)

DU KOMMST MIT NICHTS UND DU GEHST MIT NICHTS.

(James Both)

Und dazwischen gehört dir nichts. Warum also hältst du an Dingen fest? Vor allem an denen, die dich belasten? Wahrer Reichtum befindet sich in dir selbst. Daraus schöpfe und kreiere und du wirst ein reicher Mensch sein – im Innen wie im Außen.

DAS ECHTESTE AN EINEM MENSCHEN SIND SEINE FEHLER.

(Michelangelo)

____

____

____

____

EIN FEHLER MUSS NICHTS FALSCHES SEIN. ES BEDEUTET NUR, DASS ETWAS FEHLT.

(Autor unbekannt)

Kannst du den Dingen, die dir noch am 27.05. fehlten, einen Ort zuweisen in deinem Körper? Spüre in dich hinein. Wo genau sitzt der Mangel? Ist er im Bauchraum, im Kehlkopf oder im Herzen? Wo auch immer er sitzt bist du gut beraten, wenn du dir eine Farbe dazu vorstellst, die dieses "Loch" füllen kann. Lege dabei deine Hände auf die Stelle und imaginiere dir, dass JETZT genau dieses Licht durch deine Hände in genau diesen Ort fließt, um ihn mit positiver Energie zu füllen. Umkreise die Stelle mit deinen Händen, wenn du gesättigt bist. Spüre nach und lasse gegebenenfalls erneut Energie dort hineinfließen.

____

____

Du bist auf diese Welt gekommen und wurdest mit allem ausgestattet, was du für dich brauchst. Vertraue darauf. Dabei höre auf dein Herz und deine Seele. Sie beide kennen die Antworten, nach denen du suchst. Spüre die Fülle in dir und arbeite daran, sie mehr und mehr ins Leben zu rufen und zu integrieren. Fülle – auf welche Art und Weise auch immer – will gelebt werden.

WAS ES ALLES GIBT, WAS ICH NICHT BRAUCHE.

(Aristoteles)

____

____

____

____

NICHTS VERÄNDERT SICH, BIS MAN SICH VERÄNDERT UND PLÖTZLICH VERÄNDERT SICH ALLES.

(Autor unbekannt)

Die meisten Impulse hierfür entstammen aus dem Herzgefühl. Wenn wir nicht nach unserem Herzen leben, leben wir stets gegen uns. Nun darf der Kopf unsere Herzenswünsche in die Tat umsetzen. Und manchmal ist das gar nicht so einfach. Hierbei kann es helfen, Affirmationen zu verwenden, die du täglich mehrmals verinnerlichst.

Dabei ist es wichtig, sie in der Gegenwartsform zu formulieren und im besten Fall beginnend mit "Ich bin...". Formuliere sie zudem positiv und reduziere deine Affirmation auf das Wesentliche.

Zum Beispiel. "Ich bin geliebt". "Ich lebe in Fülle". "Ich bin es wert, geliebt zu sein".

Schreibe dir deine Affirmation auf, die dich für die nächsten 21 Tage begleiten darf. Repetiere sie mehrmals täglich und schau, was passiert.

WER ETWAS WILL, FINDET EINEN WEG. WER ETWAS NICHT WILL, FINDET GRÜNDE.

(Götz Werner)

____

____

____

____

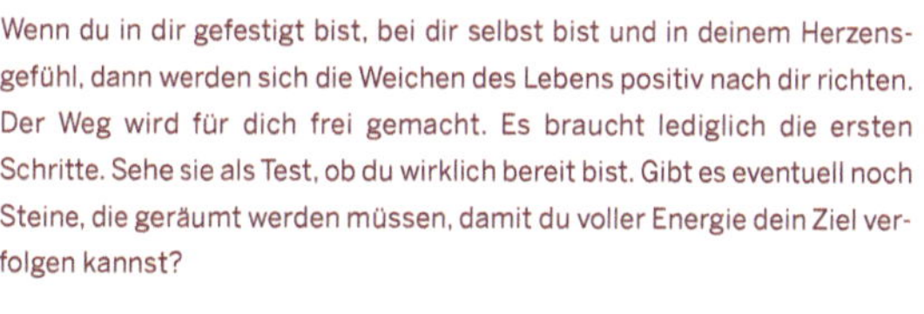

SOBALD DU DICH AUF DEN WEG MACHST, ÖFFNET DER HORIZONT SEINE GRENZEN.

(Autor unbekannt)

Wenn du in dir gefestigt bist, bei dir selbst bist und in deinem Herzens-gefühl, dann werden sich die Weichen des Lebens positiv nach dir richten. Der Weg wird für dich frei gemacht. Es braucht lediglich die ersten Schritte. Sehe sie als Test, ob du wirklich bereit bist. Gibt es eventuell noch Steine, die geräumt werden müssen, damit du voller Energie dein Ziel ver-folgen kannst?

____

____

____

ZWEIFEL MACHT DEN BERG, DEN DER GLAUBE VERSETZEN KANN.

(Autor unbekannt)

____

____

____

ANGST KLOPFT AN DER TÜR.
VERTRAUEN ÖFFNET.
NIEMAND STEHT DRAUSSEN.

(Autor unbekannt)

Zweifel und Angst sind unsere größten Verhinderer, die uns oftmals nicht unseren Weg gehen lassen. Dabei sind sie zumeist völlig unbegründet. Gehst du den ersten Schritt, wartet eine Belohnung auf dich: die Erfahrung. In den meisten Fällen wirst du erleben dürfen, dass die Angst oder der Zweifel (mal wieder) an den Haaren herbeigezogen war. Nimm diese Erfahrung mit und unterstreiche sie, damit du sie bei Bedarf wieder präsent hast.

Affirmation: "Ich bin im Vertrauen und habe den Mut, meinem Herzenswunsch zu folgen."

____

____

ALLEINE BIST DU NUR,
WENN DU NICHT BEI DIR BIST.

(James Both)

Fühlst du dich alleine? Einer von etlichen Gründen könnte dem Aspekt geschuldet sein, dass du deine Anbindung verloren hast. Die Verbindung zwischen dir und deiner Quelle – deinem göttlichen oder spirituellen Anteil. Wie oft fragen wir uns, wohin wir gehen? Wie wäre es, wenn wir uns einmal fragten: "Woher komme ich eigentlich?" Öffne dich dieser Frage und ich bin mir sicher, du wirst auf diese Frage in der Stille eine Antwort finden.

____

____

____

____

ALLEIN SEIN ZU MÜSSEN IST SCHWER – ALLEIN SEIN ZU KÖNNEN IST SCHÖN.

(Rabindranath Thakur)

____

____

____

____

IN DER EINSAMKEIT FINDET DER EINSAME SEINE ZWEISAMKEIT. SICH SELBST UND SEINEN URSPRUNG.

(James Both)

Hinterfrage, weshalb es dir schwerfällt, alleine zu sein. Welches Ursprungsgefühl kommt in dir hoch? Wurdest du bereits in deiner Kindheit von einem geliebten Menschen verlassen?

Mache folgende Übung, um an den Ursprung dieses Gefühls zu kommen:
Schließe deine Augen. Lasse das Gefühl der Einsamkeit für einen Moment präsent sein.
Nenne nun eine Zahl zwischen 1 und 12. Ganz spontan aus deinem Bauchgefühl heraus.
Dir ist eine Zahl in den Sinn gekommen? Super. Was genau ist passiert, als du in diesem Alter warst? Wurdest du verlassen? Hast du dich verlassen gefühlt? Gab es ein gravierendes Ereignis, indem du dich einsam und verlassen fühltest?
Der erste Schritt der Heilung geschieht immer in dem Moment, der uns begreifen lässt, woher es kommt und durch was es ausgelöst wurde.

11 Juni

LIEBER ALLEIN ALLEIN, ALS ZU ZWEIT ALLEIN.

(Rabindranath Thakur)

12 Juni

ALLE UNSERE LEIDEN KOMMEN DAHER, DASS WIR NICHT ALLEIN SEIN KÖNNEN.

(Arthur Schopenhauer)

Mache eine Atemübung. Stelle dir dabei vor, dass du nach oben in deinen Kopf einatmest. Und darüber hinaus. Bis zur Quelle deines spirituellen Seins. Atme nach unten aus. Über deine Füße. Dabei kannst du dir vorstellen, dass Wurzeln aus deinen Füßen wachsen, die tief verankert sind mit der Erde. Lasse dorthin alles abfließen. Wiederhole diese Atemübung so oft, bis du das Gefühl hast, vollends mit allem verbunden zu sein.

DU SUCHST DIE EINE PERSON, DIE DEIN LEBEN VERÄNDERT? DANN SCHAUE IN DEN SPIEGEL!

(Autor unbekannt)

REVOLUTION.

(Autor unbekannt)

Lieb doch, wen du willst! Am besten fängst du mit dir an. Heute ist wieder ein Tag, an dem du dir etwas Gutes tun solltest. Was hast du seit längerem nicht mehr getan? Eventuell hast du es noch nie gemacht? Dann tue es. Lasse all deine Verhinderer und Neins los und tue es einfach. Du wirst nach Hause kommen und das gute Gefühl haben, etwas Wertvolles für dich getan zu haben.

15 Juni

WENN AUF DER ERDE LIEBE HERRSCHTE, WÄREN ALLE GESETZE ENTBEHRLICH.

(Aristoteles)

Der Frieden, den du dir für diese Welt wünschst, muss erst in dir stattfinden. Denn unsere (Um)Welt ist nur ein Spiegel dessen, wie es in uns aussieht. Sorge für dein inneres Gleichgewicht indem du immer wieder in dich hinein- spürst und -horchst.

16 Juni

DIE STILLE IST EINE GROSSE KUNST DER UNTERHALTUNG MIT UNS SELBST.

(Edward Gibbon)

WÜRDE MAN ÖFTER IN SICH GEHEN, WÄRE MAN SELTENER AUSSER SICH.

(Autor unbekannt)

DIE SUCHE NACH DEM GLÜCK IST EINES DER HAUPTURSACHEN DES UNGLÜCKS.

(Eric Weiner)

WER AN WUNDER GLAUBT, VOLLBRINGT SIE.

(Ernst Moritz Arndt)

DIE 5 REIKI LEBENSREGELN NACH DR. MIKAO USUI:

Gerade heute ärgere dich nicht

Gerade heute sorge dich nicht

Gerade heute sei mit Dankbarkeit erfüllt

Gerade heute arbeite ehrlich und hart

Gerade heute sei nett und freundlich zu allen Wesen

DIE GESCHICHTE AUS
DER SICHT EINES GEGENSTANDES.

Nimm dir heute etwas Zeit für dich. Besorge dir ein Stück Papier und einen Stift und begib dich an einen ruhigen Ort.

Suche dir nun einen Gegenstand aus. Ganz willkürlich. Es könnte eine Pflanze, ein Buch oder eine Vase sein. Ganz gleich für welches Objekt du dich auch entscheidest.

Stelle dir nun vor, dass du dieser Gegenstand bist und beschreibe, wie es dir geht, was du brauchst und wie du dich fühlst. Du bist jetzt der Gegenstand. Schreibe mindestens eine DIN A4 Seite voll.

*Auflösung folgt

WER DIE KOSTBARKEIT DES AUGENBLICKS ENTDECKT, FINDET DAS GLÜCK DES ALLTAGS.
(Adalbert Stifter)

Oftmals stecken die Annehmlichkeiten des Lebens in den kleinen Dingen. Vielleicht aber auch in einer netten Geste. Ein uns freundlich entgegengebrachtes Lächeln versüßt uns doch gleich den Tag. Wie wäre es, den Tag damit zu beginnen, einer dir fremden Person dein Lächeln zu schenken?

WER SICH SELBST MAG, VERMAG AUCH ANDERE ZU MÖGEN.

(Ernst Ferstl)

WEM DAS LÄCHELN FEHLT, DEM FEHLT EIN FLÜGEL.

(Truman Capote)

Wusstest du, dass du nur die Mundwinkel nach oben ziehen musst und schon wirkt sich dies auf deinen Gemütszustand aus? Selbst wenn dir nicht zum Lachen zu Mute ist, kann diese Geste viel Positives auslösen. Dadurch können Glückshormone ausgeschüttet und Stresshormone abgebaut werden. Zudem kann es immunstärkend und schmerzsenkend wirken. Also tue so, als würdest du lachen und ziehe deine Mundwinkel nach oben – das Ganze für mindestens 60 Sekunden. Im besten Fall lachst du einfach, weil du fröhlich bist.

25 Juni

JE MEHR JEMAND DIE WELT LIEBT, DESTO SCHÖNER WIRD ER SIE FINDEN.

(Christian Morgenstern)

---

26 Juni

WER SICH HEUTE FREUEN KANN, SOLLTE NICHT BIS MORGEN WARTEN.

(Autor unbekannt)

Hast du dich heute schon gefreut? Oder haben sich die Schatten des Missmutes darübergelegt? Wie wäre es, wenn du dich jetzt dazu entschließt, Freude in dein Herz fließen zu lassen? Denke zum Beispiel an ein Kinderlachen oder an eine lustige Situation, die dir in bester Erinnerung geblieben ist.

IMMER, WENN DU LACHST, STIRBT IRGENDWO EIN PROBLEM.

(Autor unbekannt)

*AUFLÖSUNG VOM 21.06.

Lies dir deine geschriebene Geschichte noch einmal durch. Wie liest du sie heute?

Weshalb hast du dir diesen Gegenstand ausgesucht?

Was symbolisiert er für dich?

Welche Parallelen nimmst du zu dir und deinem Leben wahr?

Versuche ehrlich zu sein und notiere dir deine Antworten. Ziehe Schlussfolgerungen daraus, die du auf dein Leben projizieren kannst.

____

____

29 Juni

ALLE MENSCHEN LACHEN UND WEINEN IN DERSELBEN SPRACHE.

(Willy Meurer)

30 Juni

BEI GLEICHER UMGEBUNG LEBT DOCH JEDER IN EINER ANDEREN WELT.

(Arthur Schopenhauer)

HEUTE IST WUNSCHTAG.

ICH WÜNSCHE DIR BAUCHSCHMERZEN VOR LACHEN.

____

____

____

KEINER IST KLEINER ALS JENER, DER GLAUBT GRÖSSER ZU SEIN.

(Bruno Würtenberger)

____

____

____

WER GLAUBT, GANZ OBEN ZU SEIN, IST SCHON AUF DEM WEG NACH UNTEN.

(Placido Domingo)

Und viele nehmen das Unglück ihrer Mitmenschen dabei in Kauf. Gerade in einer Ellenbogengesellschaft wie der unsrigen, schießen Egomane wie Pilze aus dem Boden. Ein trauriger Anblick – vor allem wenn man erkennt, wie viel Mangelgefühl dahintersteckt. Zum Beispiel der Mangel an Wertschätzung, Selbstbewusstsein oder Liebe. Denn gerade diejenigen, die ihr Ego ohne Rücksicht auf Verluste zum eigenen Vorteil nutzen, sind auch jene, die auf Herzensebene noch über reichlich Entwicklungspotenzial verfügen.

WIRKLICH HINTER DIR STEHT, WER SICH AUCH MAL VOR DICH STELLT.

(Autor unbekannt)

KLEINE WEISHEITEN-GESCHICHTE:

Wie immer lief der Miesepeter missgelaunt durch die Straßen. Alles ärgerte ihn. Da kam zufällig ein Lächeln vorbeigeflattert und da es gerade nichts Besseres zu tun hatte, hüpfte es dem Miesepeter mitten ins Gesicht und machte es sich dort gemütlich. Der hatte das aber in seiner ganzen Muffigkeit gar nicht gemerkt und ging mit schlechter Laune weiter.

Als ihm nun andere Leute entgegenkamen, wurde er herzlich gegrüßt und alle schienen sich zu freuen, ihn zu sehen. Das verwunderte den Miesepeter sehr und gegen seinen Willen fühlte er sich schon etwas besser.
Immer mehr Leute winkten ihm lächelnd zu. Und der Himmel schien auch schon viel blauer zu sein.

Als der Miesepeter nach Hause kam und seine Jacke auszog, sah er sich selbst im Dielenspiegel lächeln. Und das fühlte sich gut an, richtig gut.

aus: Tania Konnerth / Aus der Schatzkiste des Lebens

EIN NETTES WORT KANN EINEM DIE GANZE SCHLECHTE LAUNE VERDERBEN.
(James Both)

Über die Kraft der Worte wissen wir. Wie wäre es, zur Abwechslung mal, schöne Worte zu finden? Hier kannst du schon morgens bei dir selbst beginnen. Zum Beispiel mit den Worten: Ich bin gut so, wie ich bin.
Wenn du mutiger bist, dann verbalisiere deine positiven Gedanken, die du über einen anderen Menschen hegst, und richte sie persönlich an ihn.
Meist fällt es uns schwer, Schönes auszudrücken und halten damit lieber hinter dem Berg. Wie schade. Welch wundervolle Reaktionen wir uns hier und da entgehen lassen.
Gerade heute versuche, einem anderen Menschen ein Kompliment zu machen. Dann kannst du jetzt schon anfangen, dich auf ihre oder seine Reaktion zu freuen.

____

____

7 Juli

SOLANGE MAN SELBST REDET, ERFÄHRT MAN NICHTS.

(M. von Ebner-Eschenbach)

8 Juli

DAS PROBLEM IST: WIR HÖREN NICHT ZU, UM ZU VERSTEHEN, SONDERN UM ZU ANTWORTEN.

(Stepan R. Covey)

Wie oft sind wir im Irrglauben bereits zu wissen, was der andere uns sagen will. Dabei halten wir unsere Antwort schon parat und folgen nicht mehr den Worten unseres Gegenübers. Wie sähe es in uns aus, wenn wir fühlten, dass man uns gar nicht oder nur halb wahrnimmt; unseren Gedanken und Worten nicht mehr folgt und etwa unsere Sorgen nur halbherzig aufnimmt? Höchstwahrscheinlich würden wir uns nicht gewertschätzt, nicht verstanden und nicht respektiert fühlen.

REDEN IST SILBER.
ZUHÖREN IST GOLD.

(Walter Ludin)

ZUHÖREN HEISST,
EIN BISSCHEN SEELE LEIHEN.

(Autor unbekannt)

Wann hast du dir eigentlich selbst das letzte Mal aktiv zugehört? Was brauchst du, damit du deiner inneren Stimme Gehör verleihen kannst? Ruhe und Stille? Einen Waldspaziergang? Der Blick in ein Kerzenlicht?

Wenn du magst, dann gönne dir heute einen bewussten Moment der Stille und lausche in dich hinein. Versuche dir vorzustellen, dass dein eigenes "ICH" in der Form erscheint, dass du dich als Kind wiedererkennst – dein Inneres Kind. Fange an mit ihm zu sprechen. Und höre ihm gut zu. Es birgt viele Geheimnisse in sich, die es dir bestimmt gerne mitteilen möchte. Nimm einfach nur wahr, ohne zu bewerten.

11
Juli

12
Juli

UND SOBALD DU DIE ANTWORT HAST, ÄNDERT DAS LEBEN DIE FRAGE.

(Autor unbekannt)

HEUTE IST WUNSCHTAG.

ICH WÜNSCHE DIR EIN KINDERLACHEN.

____

____

____

____

KINDERN ERZÄHLEN WIR
GESCHICHTEN, DAMIT SIE
EINSCHLAFEN. ERWACHSENEN
DAMIT SIE AUFWACHEN.
(Jorge Bucay)

____

____

____

____

WAS WÜRDE DAS KIND, DAS DU EINST WARST, ÜBER DEN MENSCHEN DENKEN, DER DU HEUTE BIST?

(Autor unbekannt)

Schreibe 5 Dinge auf, die dein Inneres Kind heute über dich denken würde.

1.
2.
3.
4.
5.

____

____

____

WAS MAN ALS KIND GELIEBT HAT, BLEIBT IM BESITZ DES HERZENS BIS INS HOHE ALTER.

(Autor unbekannt)

____

____

____

____

ALL WE NEED IS:

WIR LEBEN DAS LEBEN VORWÄRTS UND VER-STEHEN ES RÜCKWÄRTS.

(Søren Aabye Kierkegaard)

DIE MENSCHEN HABEN ZWEI WÜNSCHE: ALT WERDEN UND JUNG BLEIBEN.

(Autor unbekannt)

Was würde der Erwachsene dem Kind in dir erzählen?

Von welchen Wünschen, Träumen, Sehnsüchten, Freuden oder Ängsten,
würde das Kind in dir deinem erwachsenen ICH berichten?

____

____

____

MANCH EINER STIRBT MIT ZWANZIG UND WIRD MIT ACHTZIG BEGRABEN.

(Autor unbekannt)

Rauscht das Leben an dir vorbei? Befindest du dich in einer Midlife-Crisis
und die Gesellschaft und die Erwartungen, die man an dich stellt, stellen
deine Bedürfnisse hinten an? Dann wird es Zeit, dass du wieder anfängst,
zu leben. Um aus unserem Trott heraus zu kommen, bedarf es immer eine
Entscheidung. Wann wirst du dich entscheiden?

Setze dir dafür heute ein Ziel. Sei realistisch. Du musst nicht auf Anhieb
damit beginnen. Du solltest es aber nicht so weit in die Zukunft verlegen,
dass du es aus den Augen verlierst.

Beginne mit einem Satz wie zum Beispiel.
"Heute, in einem Monat, bin ich befreit von xy."

____

____

AUSREDEN SIND WORTE, DIE VON DEM VERSAGER IN UNS KOMMEN.

(Autor unbekannt)

DER ANFANG IST DIE HÄLFTE DES GANZEN.

(Aristoteles)

Wenn du wirklich etwas verändern möchtest, dann frage dich, zu wie viel Prozent dieser Wunsch besteht. Schreibe es hier auf.

PROBLEME SIND GELEGENHEITEN ZU ZEIGEN, WAS MAN KANN.

(Duke Ellington)

AUF ETWAS VERZICHTEN ZU KÖNNEN, IST BESTANDTEIL DES GLÜCKS.

(Bertrand Arthur William Russell)

Dass wir auf etwas verzichten können impliziert, das wir genügen. Wir haben genug, um glücklich zu sein und uns wohl zu fühlen. Doch folgender Test ist spannend: Stelle dir vor, ich gäbe dir 20 Euro. Du wärest jetzt um 20 Euro reicher, als zuvor. Spüre nach, wie es sich anfühlt.
Nun stelle dir vor, ich nähme sie dir wieder weg. Wie würdest du dich nun fühlen? Wahrscheinlich schlechter als ganz zu Anfang. Ist es nicht so und woher kommt es?

25 Juli

ALLES, WAS DU BESITZT, BESITZT IRGENDWANN DICH.

(Tyler Durden, Fight Club)

____

____

____

____

26 Juli

WENN DU MUTIG GENUG BIST, "LEBEWOHL" ZU SAGEN, WIRD DICH DAS LEBEN MIT EINEM NEUEN "HALLO" BELOHNEN.

(Paulo Coehlho)

Wie soll etwas Neues in dein Leben treten, wenn an dieser Stelle Altes vorherrscht? Diese Frage kannst du auf viele Aspekte des Lebens übertragen. Zum Beispiel auf den Ex-Partner, einen Streit, einer negativen Angewohnheit oder auf alte, verstaubte Besitztümer.
Überlege dir zudem, wie viel Energie sie dir rauben, die du für Neues und/oder Positives aufwenden könntest.

____

____

____

DAS LEBEN BEGINNT DORT, WO DIE FURCHT ENDET.

(Osho)

Die Angst, etwas Geliebtes zu verlieren ist größer, als die Freude auf etwas Neues. Stimmt diese Aussage für dich? Hättest du es sonst nicht schon längst getan?

DER MENSCH LEIDET, WEIL ER DINGE ZU BESITZEN UND ZU BEHALTEN BEGEHRT, DIE IHRER NATUR NACH VERGÄNGLICH SIND.

(Buddha)

MAN BRAUCHT KEINEN GRUND ZU GEHEN, WENN MAN KEINEN MEHR HAT, ZU BLEIBEN.

(Autor unbekannt)

Wenn du enttäuscht wurdest von einem Menschen, der dir viel bedeutet hat und es keinen Grund mehr gibt, zu bleiben, dann hilft dir eventuell dieser Gedanke. Das Wort Ent-Täuschung bedeutet ja nur, dass du nicht weiter getäuscht wirst. Hierbei kannst du sogar über dich hinauswachsen und Dankbarkeit in die Situation und Person fließen lassen. Du bist dir nun gewahr und gewiss.

____

____

____

WAHRHEIT KOMMT MIT WENIGEN WORTEN AUS.

(Laotse)

____

____

____

____

MANCHE MENSCHEN KOMMEN IN DEIN LEBEN ALS SEGEN, MANCHE ALS LEKTION.

(Autor unbekannt)

WAS DU LIEBST, LASSE FREI. KOMMT ES ZU DIR ZURÜCK, GEHÖRT ES DIR – FÜR IMMER.

(Konfuzius)

WER VIEL ERWARTET, BEKOMMT AUCH VIEL. ZUM BEISPIEL ENTTÄUSCHUNG, MISSACHTUNG, FRUST UND NEID.

(James Both)

Schraube deine Erwartungen zurück und reflektiere, welches Mangel-gefühl in dir steckt. Es ist nicht die Aufgabe deines Umfeldes und deiner Mitmenschen, deine Defizite und Lücken zu füllen.

____

____

____

DAS GEHEIMNIS LIEGT DARIN, SICH NICHT IM EINSSEIN ZU VERLIEREN, SONDERN SICH IM EINSSEIN ZU GEWINNEN.

(Aurobindo)

____

____

____

____

DIE MEISTEN MENSCHEN DENKEN DARÜBER NACH, WAS DIE ANDEREN ÜBER SIE DENKEN.

(Sean Connery)

DU BIST SO VIEL MEHR, ALS DU SEIN SOLLST.

(James Both)

Übung: Stelle dich vor einen Spiegel und betrachte dein Konterfei aus einer Entfernung von 30–40 cm. Fokussiere nun deinen Blick nur auf die Augen. Schaue dir also selbst tief in deine Augen. Wende deinen Blick nicht ab. Gib dir ein bis zwei Minuten. Vielleicht bist du in der glücklichen Lage festzustellen, wie sich allmählich dein Gesicht verändert. Es kann passieren, dass du dich als Frau siehst, oder dir als Frau ein Bart wächst. Schaue weiter hin und lasse dich faszinieren, welche Persönlichkeiten in dir entstehen und aus dir herauszuwachsen scheinen.

Die Erklärung für dieses Phänomen darf jeder für sich selbst eruieren.

6 August

UNMÖGLICH SIND NUR DIE DINGE, DENEN MAN SICH VERSCHLIESST.

(Autor unbekannt)

7 August

WER SICH SELBST GEFUNDEN HAT, KANN NICHTS MEHR VERLIEREN.

(Stefan Zweig)

Viele Menschen haben den Wunsch, sich selbst zu finden. Unternimm mal den Versuch und frage deine Mitmenschen, welche ihre größten Wünsche sind. Darunter wirst du folgende Antworten finden: "Ich will frei sein", "ich möchte die Liebe meines Lebens treffen", "Friede" und unter anderem auch: "Ich will bei mir ankommen".

Wenn wir alle bei uns ankommen wollen, dürfen wir uns die Frage stellen: "Wo sind wir denn eigentlich die ganze Zeit?"

Und warum scheint dies ein so großes Bedürfnis zu sein?

MANCH EINER SUCHT DEN SINN UND FINDET DEN WAHN.

(Autor unbekannt)

____

____

____

____

DU HAST JETZT DAS RICHTIGE ALTER. DU MUSST NUR HERAUSFINDEN FÜR WAS.

(Autor unbekannt)

Der richtige Zeitpunkt ist immer jetzt. Wenn dir die ein oder andere Idee in den Sinn kommt, dann wird es seinen Sinn haben. Vertraue auf den Plan deines Lebens. Entweder nimmst du es nun selbst in die Hand oder lässt dich treiben im Fluss des Vertrauens auf alles was war, ist und sein wird.

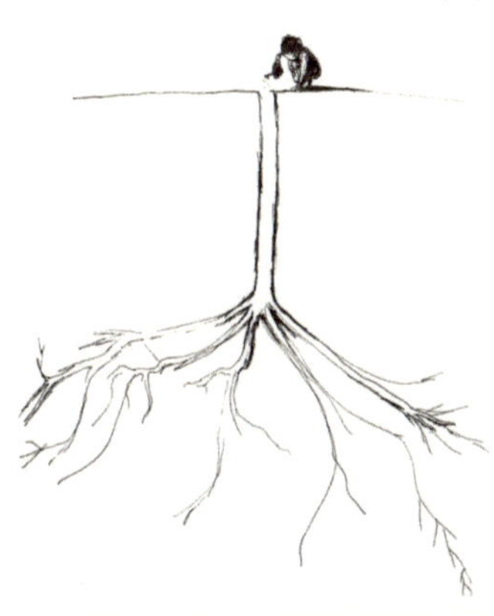

10 August

LEBEN IST DAS WAS PASSIERT, WÄHREND MAN PLÄNE MACHT.

(John Lennon)

Wann hast/bist du das letzte Mal:

1. im Regen getanzt?
2. in Pfützen gesprungen?
3. einen Liebesbrief geschrieben?
4. Tränen gelacht?
5. geweint?
6. Gänsehaut gehabt vor Rührung?

Ich wünsche dir, dass es nicht an dir vorbei regnet und du das Leben in vollen Zügen genießt.

____

____

11 August

OHNE REGEN, KEINEN REGENBOGEN.

(Fettes Brot)

____

____

____

____

HOFFENTLICH BIST DU IN WIRKLICHKEIT STÄRKER, ALS DEINE AUSREDEN.

(Autor unbekannt)

Kennst du deine eigenen 'Aber's' und 'Wenn's'? Deine allzu oft verwendeten Verhinderer und Blockaden? Super! Stelle dir nun die Frage, was du von ihnen hast. Es gibt immer einen Sekundärgewinn.

Du fühlst dich beispielsweise immer als Opfer? Wahrscheinlich liegen die ersten Erfahrungen bereits in deiner Schulzeit. Hinterfrage nun, was du davon hast, nicht aus dieser wiederkehrenden Rolle zu schlüpfen. Ist es Aufmerksamkeit, Mitgefühl, das man dir dadurch entgegenbringt? Kannst du dadurch begründen, weshalb du erneut den Job wechseln musstest – vielleicht weil du nie deiner Berufung gefolgt bist und immer wieder gegen deinen Willen einer Arbeit nachgehst, die dir missfällt?

Schreibe deine Widerstände auf. Deine Verhinderer. Deine Ausreden. Und deine Erkenntnisse.

DAS IST DER LAUF DER ZEIT, SAGT DER STAND DER DINGE.

(Autor unbekannt)

____

____

____

____

**DU HAST ZWEI LEBEN.
DAS ZWEITE BEGINNT,
WENN DU REALISIERST,
DASS DU NUR DAS EINE HAST.**
(Konfuzius)

**NICHT DER WIND
BESTIMMT DIE RICHTUNG,
SONDERN DIE SEGEL.**
(Autor unbekannt)

16
August

Du bist nicht der Wind, aber du kannst entscheiden, ob du dich treiben lassen willst. Du bist nicht der Wind, aber du kannst entscheiden, wie du deine Segel setzt. Du bist nicht der Wind, aber du kannst schauen, aus welcher Richtung er weht. Du bist du und hast immer eine Wahl.

17
August

MUT STEHT AM ANFANG DES HANDELNS, GLÜCK AM ENDE.
(Heraklit)

Wann bist du das letzte Mal aus dir herausgebrochen und bist über dich hinausgewachsen? Sind es nicht die spannenden Erlebnisse des Lebens, an die wir uns nach Jahren noch erinnern? Sei dir gewiss – es sind genau diese Momente. Ob sie nun schlimm waren oder nicht. Selbst wenn es deinen physischen Körper anbelangt könnte dir die Idee helfen, dass dein irdisches Bewusstsein dies zwar mit aller Kraft bekämpft und Angst hat, deine Seele jedoch jubelt und sagt: "Super, lass uns diese Erfahrung machen!"

____

____

____

DIE FORMEL FÜR GLÜCK:
REALITÄT - ERWARTUNGEN = GLÜCK

AUCH AUS STEINEN, DIE UNS IN DEN WEG GELEGT WERDEN, KANNST DU ETWAS SCHÖNES BAUEN.

(Erich Kästner)

Sieh die Steine auf deinem Weg als Herausforderungen, an denen du wachsen kannst. Oder nutze sie, um aus ihnen etwas zu erschaffen. Vielleicht braucht es manchmal auch einen größeren Stein, den du nicht bewegen kannst, weil du dich auf dem Trampelpfad befindest und dies nicht der richtige Weg für dich ist.

20 August

IN DER SEHNSUCHT FINDEST DU DIE KRAFT FÜR EINEN ANFANG.

(Monika Minder)

Heute, blicke zurück auf deinen Satz der Veränderung vom 20.07. Wie geht es dir heute? Kannst du schon eine Veränderung feststellen? Hast du in die Tat gesetzt, was du dir vorgenommen hast? Überprüfe, was du wirklich für dich getan hast und wo du eventuell noch Verbesserungen vornehmen kannst.

____

____

____

____

21 August

DICH FÜR ETWAS ZU ENT-SCHLIESSEN BEDEUTET, DICH VON ETWAS ALTEM ZU VERABSCHIEDEN, UM DICH FÜR ETWAS NEUES ZU ÖFFNEN.

(James Both)

____

____

____

____

22 August

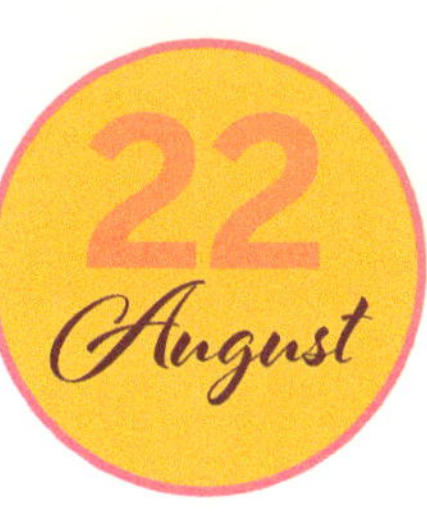

WER NICHT ZU SICH SELBST STEHT, VERLIERT SICH AM BEISPIEL ANDERER.

(Hans Arndt)

23 August

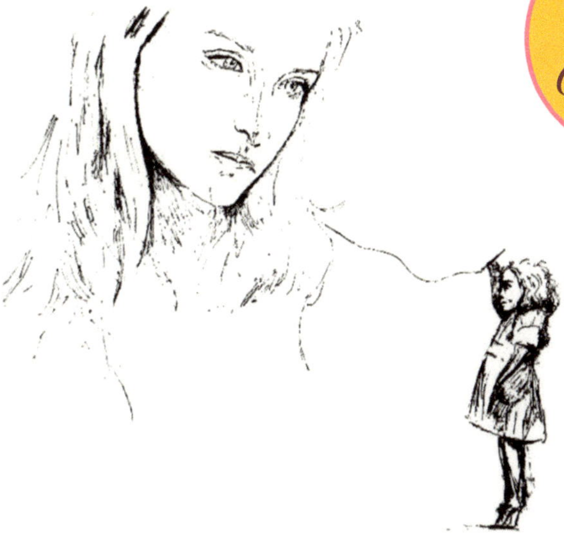

Was bedeutet Entwicklung für dich? Dass du stets an deinen Aufgaben und Herausforderungen wächst?
Wie wäre zur Abwechslung die Ansicht, dass Entwicklung heißt, sich zu ent-wickeln? Also die Befreiung unserer Muster und Programme, das Lösen von Blockaden und die Befreiung all unserer auferlegten Dogmen? Wenn doch einer unserer tiefsten Sehnsüchte darin besteht, frei zu sein, dann führt dieser Weg unumgänglich über unsere Ent-Wicklung.

____

____

____

DAS LEBEN BEGINNT AM ENDE DEINER KOMFORTZONE.

(Neale Donald Walsch)

____

____

____

____

ZEIGE MIR DEIN SCHÖNSTES WEINEN.

(James Both)

Es gibt viele Arten des Weinens. Die Schönsten jedoch entstammen aus dem Gefühl, tief berührt zu sein. Sie treffen unser Innerstes, berühren unser Herz und schenken uns genau diesen einen Moment, völlig eins mit uns selbst zu sein. Daher sollten wir solche Augenblicke des Öfteren da sein lassen. Erlaube dir dabei auch den Gedanken, dass die Tränen die Waschstraße unserer Seele sind.

WER IMMER TUT, WAS ER SCHON KANN, BLEIBT IMMER DAS, WAS ER SCHON IST.

(Henry Ford)

28 August

DU KANNST DEIN LEBEN NICHT VERLÄNGERN, NICHT VERBREITERN. NUR VERTIEFEN.

(Gorch Fock)

29 August

WENN DER HIMMEL EINEN MENSCHEN ERSCHAFFEN HAT, MUSS ES AUCH EINE AUFGABE FÜR IHN GEBEN.

(Autor unbekannt)

Du bist als weißes Blatt, als reine Seele geboren. Mit einer Aufgabenliste, die du dir für dein Seelenwachstum erstellt hast. Dein Plan steht also. Mit allen Erfahrungen, die du im Leben sammeln möchtest. Die Wege, diese Ziele zu erreichen, obliegen ganz dir selbst. Sie dienen aber allesamt deiner persönlichen Entwicklung hin zu der Person, die du wirklich bist.

HEUTE IST WUNSCHTAG.

ICH WÜNSCHE DIR EINE UNERWARTETE BITTE UM ENTSCHULDIGUNG.

DIE SCHWACHEN KÖNNEN NIE VERZEIHEN. DIE VERZEIHUNG IST EIN ATTRIBUT DER STARKEN.

(Gandhi)

____

____

____

____

FEHLER SIND IMMER VERZEIHBAR, WENN DU DEN MUT HAST, SIE ZUZUGEBEN.

(Bruce Lee)

Zerpflücke das Wort 'Ent-Schuld-Igung'. Jetzt stelle dir die Frage, ob wir uns überhaupt ent-schuldigen können. Nein. Das können wir nicht! Das Wort wird in unserem Sprachgebrauch falsch angewandt. Wir können allenfalls darum bitten, dass uns die Schuld genommen wird, wenn es sowas wie Schuld überhaupt gibt. Uns selbst zu ent-schuldigen macht aber keinen Sinn. Alternativ könnten wir um Verzeihung bitten. Am besten sind wir beraten, wenn wir mit den Verzeihungen bei uns selbst beginnen. Wofür möchtest du dir selbst heute verzeihen?

____

____

ES GEHÖRT OFT MEHR MUT DAZU, SEINE MEINUNG ZU ÄNDERN, ALS IHR TREU ZU BLEIBEN.

(Friedrich Hebbel)

FREMDE FEHLER BEURTEILEN WIR ALS STAATSANWÄLTE, DIE EIGENEN ALS VERTEIDIGER.

(Autor unbekannt)

Gibt es eigentlich eine Schuld? Die Frage muss sich jeder selbst beantworten. Könnte es aber nicht sein, dass wir uns im gewissen Maße daran beteiligt haben? Wo liegt dein Anteil daran, dass du in jene Situation geraten bist? Welcher Aspekt in dir hat dazu beigetragen, dass es ist, wie es ist?

____

____

____

____

KLEINE WEISHEITEN-GESCHICHTE:

GLÜCK IM UNGLÜCK

Der einzige Überlebende eines Schiffsunglücks wird an den Strand einer einsamen und unbewohnten Insel gespült. Tag für Tag hielt er Ausschau nach einem Schiff am Horizont. Nach vielen Tagen ergebnisloser Ausschau nach einem Schiff, baute er sich eine kleine Hütte aus Holz.

Eines Tages kam er von einem Ausflug auf der Insel zurück und stellte fest, dass seine Hütte in Flammen stand. Er hatte alles verloren und seine Stimmung wechselte zwischen Ärger und Verzweiflung.

Am nächsten Morgen wachte er durch das Motorgeräusch eines Bootes auf, das sich der Insel näherte. Man kam, um ihn zu retten. "Woher wusstet ihr, dass ich hier bin?" fragte er seine Retter.

"Wir haben Ihr Rauchsignal gesehen", antwortete der Kapitän.

(Autor unbekannt)

MAN LEBT, UMSO WENIGER MAN URTEILT.

(Autor unbekannt)

Kennst du Folgendes? Wenn wir mit dem Finger auf jemanden zeigen, werde dir bewusst, dass in diesem Moment mindestens drei Finger auf dich selbst gerichtet sind. Wem hast du in deinem Leben den Schwarzen Peter zugeschoben? Und wie lange möchtest du daran noch festhalten?

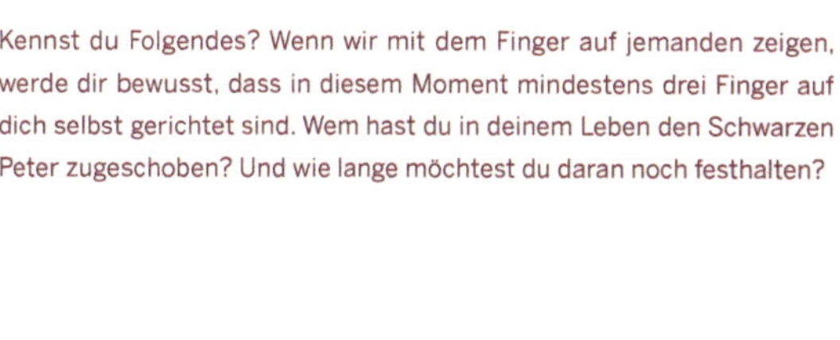

____

____

____

____

IN DER DUNKELHEIT DES LEBENS SIEHT MAN SEINE BESTEN FREUNDE.

(Fred Ammon)

____

____

____

FREMDE SIND FREUNDE, DIE MAN NUR NOCH NICHT KENNEN GELERNT HAT.

(Autor unbekannt)

Wie schnell sind wir mit Vorurteilen dabei! Dabei öffnen sich doch neue Welten für dich, die dir die Gelegenheit geben, dein Bewusstsein zu erweitern. Mache dir auch dabei wieder klar, dass du nicht in den Schuhen deines Gegenübers gelaufen bist. Du kennst weder sein Schicksal, seine Geschichte, noch seine Persönlichkeit. Öffne dein Herz für Menschen, die nicht in dein gewohntes Schema passen und lasse dich von ihnen inspirieren.

____

____

____

WARUM MAUERN BAUEN, WENN DU BRÜCKEN ERRICHTEN KANNST?

(Autor unbekannt)

____

____

____

____

Du willst frei und ungebunden sein? Super, dann zerstöre deine Mauern. Sie sind genau die, die dich binden, dich nicht frei lassen. Mache dir gewahr, dass es oftmals genau die Mauern sind, von denen DU nicht loslassen kannst, weil sie noch das einzige Element sind, die dich an einer Sache oder einer Person halten. Also: Was hast DU davon? Welche Ego-Programme hindern dich daran, einfach nicht loszulassen zu können? Kommt dir jetzt eine Situation in den Sinn, oder gar eine Person? Schreibe es auf.

____

____

____

WER ES EINFACH HABEN MÖCHTE SAGT EINFACH: DAS IST MIR ZU SCHWIERIG.

(Autor unbekannt)

____

____

____

13 September

DU UND ICH – WIR SIND EINS. ICH KANN DIR NICHT WEHTUN, OHNE MICH ZU VERLETZEN.

(Mahatma Gandhi)

Werde dir gewahr, dass wir alle eins sind. Wir stammen aus derselben Quelle. Jeder ist Bruder und Schwester. Verletze ich dich, verletze ich mich. Verbinde dich mit den Personen, von denen du dich verletzt fühlst. Atme tief ein und aus und versende positive Energien und Gedanken an diese Person – zu ihrem und deinem Besten. Das bringt Heilung auf allen Ebenen.

____

____

____

14 September

AUGE UM AUGE – UND DIE WELT WIRD BLIND.

(Mahatma Gandhi)

Sehe ab von Rache. Es ist eine selbst gerichtete und selbstzerstörerische Energie. Sie frisst dich auf und scheint nur in dir aufzublühen, weil noch Resonanzen mit alten, verletzten Energien in dir stecken.

____

____

____

WIR BRAUCHEN VIELE JAHRE BIS WIR VERSTEHEN, WIE KOSTBAR AUGENBLICKE SEIN KÖNNEN.

(Ernst Ferstl)

____

____

____

____

MANCHMAL IST ES VIEL ZU FRÜH ZU SPÄT.

(Autor unbekannt)

Ist dir bewusst, dass dein irdisches Dasein begrenzt ist? Und es könnte jeden Tag der Fall sein, dass du dich JETZT von deinen Liebesten verabschieden musst. Vielleicht durchlebst du auch gerade das Sterben. Weniger dramatische Ereignisse könnten auch dazu geführt haben, dass du Menschen aus deinem Leben verbannt hast. Wie wichtig ist hier noch "das ein oder andere Geschehene"? Übe dich in Verzeihung und vergebe vor allem dir selbst.

____

____

____

WER DEN TOD AUS DEM LEBEN DRÄNGT, NIMMT DER SEELE DAS LEBEN.

(Autor unbekannt)

DU STIRBST.
BEGINNE ZU LEBEN.

(Veit Lindau)

Wenn heute der letzte Tag deines Lebens wäre, wem würdest du gerne noch etwas mitteilen? Wie sähe der Inhalt deiner letzten Nachricht aus? Und wann würdest du beginnen, dir und den anderen Menschen zu verzeihen?

Heute? Gestern? Morgen? Nie?

Überlege dir gut, mit wie viel Groll, du deinen Gastbesuch auf der Erde beenden möchtest.

DIE BESTEN DINGE IM LEBEN SIND KEINE DINGE.

(Autor unbekannt)

DAS HO' OPONOPONO

Übe ein Vergebungsritual. Es kommt aus dem Hawaiianischen und hat einen sehr alten Ursprung:

Die vier heilenden Sätze kannst du jetzt repetieren. Wiederhole sie mit dem Gedanken an ein dir ungeklärtes, unausgesprochenes oder verletzendes Ereignis. Eine Situation, in der du Täter oder Opfer warst. Spüre dich genau dort hinein. Sei dir gewahr, dass du eins bist mit allem. Begib dich gefühlsmäßig nun in diese Situation und wiederhole folgende Sätze:

1. "Es tut mir leid."
2. "Bitte verzeihe mir."
3. "Ich liebe dich."
4. "Danke."

Wiederhole die Sätze so oft, bis in dir ein friedvolles Gefühl einsetzt.

SCHÄTZE DIE KLEINEN DINGE. DENN EINES TAGES WAREN SIE VIELLEICHT DIE GROSSARTIGSTEN.

(Autor unbekannt)

SOLANGE DU LEBST, BLEIBE LEBENDIG.

(Autor unbekannt)

FANGE NIE AN AUFZUHÖREN, HÖRE NIE AUF ANZUFANGEN.

(Marcus Tullius Ciceor)

____

____

____

____

HEUTE IST DAS MORGEN, WEGEN DEM DU GESTERN NOCH BESORGT WARST.

(Autor unbekannt)

____

____

____

____

MAN VERLIERT DIE MEISTE ZEIT DAMIT, DASS MAN ZEIT GEWINNEN WILL.

(John Steinbeck)

Zeit ist relativ. Welche Erinnerungen kommen dir in den Sinn, wenn du an die Zeiten zurückdenkst, als du noch ein Kleinkind warst? An die beschwingte, unbekümmerte Zeit? Die Zeit, in der du voller Leichtigkeit jeden Tag begonnen hast? Kannst du dich daran erinnern, wie lange es noch brauchte bis Weihnachten? Jedes Adventskalendertürchen war pure Vorfreude.

____

____

____

JETZT IST ES VIELLEICHT NOCH NICHT DA. ABER ES IST NÄHER ALS GESTERN.

(Autor unbekannt)

____

____

____

____

ZEITEN ÄNDERN DICH.

(Autor unbekannt)

FÜR JEMANDEN BIST DU DER MITTELPUNKT. FÜR ANDERE OFT NUR MITTEL, PUNKT.

(James Both)

Narziss schaute in den Brunnen und verliebte sich so sehr in sein Spiegelbild, dass er eines Tages in den Brunnen fiel und ertrank. Einen gesunden Narzissmus und Egoismus braucht es dennoch. Schließlich spielst du die Hauptrolle in dem Film deines Lebens. Gib diese Rolle nicht ab und führe selbst Regie. Mache dir gewahr, dass es ohne dich auch kein weiteres DU gäbe. Umsorge und liebe dich. Du bist einzigartig und geliebt.

SEI DU SELBST.
EIN ORIGINAL WIRD
MEHR GESCHÄTZT
ALS EINE KOPIE.

(Autor unbekannt)

____

____

____

____

LASS UNS HEUTE ÜBERRAGEND SEIN.
GEZEICHNET:
DEINE INNERE STIMME.

(Autor unbekannt)

Aus welchem Bereich deines Körpers vernimmst du deine innere Stimme? Ist es der Bauch oder dein Kopf? Heute ist jedenfalls ein guter Tag, dieser inneren Stimme zu folgen. Also schenke ihr Gehör und lass dich von ihr inspirieren und treiben. Du kannst auch aufschreiben, was dir an diesem Tag so alles passiert ist und in welche Situationen deine innere Stimme dich getrieben hat. Lass dich von dir selbst überraschen.

____

____

____

31 September

WER HERAUSFORDERUNGEN SUCHT, FINDET: SICH SELBST.

(Autor unbekannt)

1 Oktober

DER BESTE WEG AUS EINER SITUATION HERAUS IST HINDURCH.

(Autor unbekannt)

Dabei musst du nicht immer kämpfen. Verhalte dich wie ein Boot, das sich von den Strömungen treiben lässt. Schaue, wohin es dich bringt. Vielleicht an einen dir unbekannten Ort, der viele Überraschungen für dich bereithält. Schaue dich dort um und genieße die Welt, wie du sie vorher vielleicht noch nie erfahren hast.

WAS AUS DEM RUDER LÄUFT, WIRF ÜBER BORD
(James Both)

Wie viel Energie möchtest du noch darauf verwenden, die Last deines Lebenskahns zu retten, wenn alles dafürspricht, dass du vor deinem Zielhafen zu kentern drohst? Der Plan deines Lebens ist schon lange geschrieben – also weshalb bringst du so viel Anstrengung auf für die Lasten, die dich auf deiner Weiterreise hindern? Wirf sie über Board, damit du mit Leichtigkeit deine Ziele erreichen kannst. Vergiss nicht: Du bist der Kapitän und Steuermann deines Schiffes. Dein Kompass ist das Herz.

____

____

____

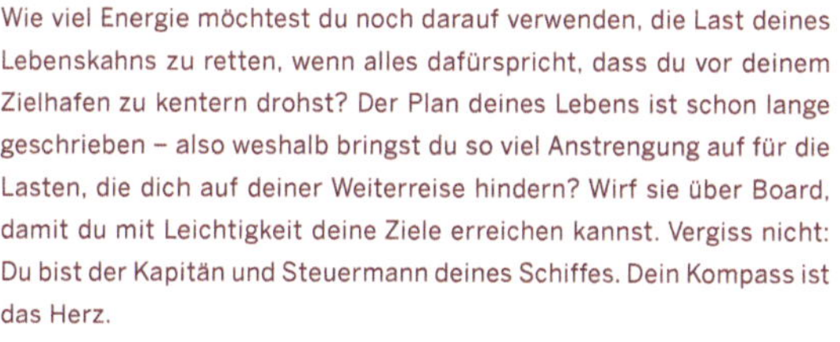

FÜR DIE WELT BIST DU IRGENDWER, FÜR IRGENDWEN BIST DU DIE WELT.
(Autor unbekannt)

____

____

____

____

IST DAS LEBEN EINE REISE, DANN FAHRE 1. KLASSE.

(Autor unbekannt)

DIE WELT IST EIN BUCH. WER NIE REIST, SIEHT NUR EINE SEITE DAVON.

(Aurelius Augustinus)

Reisen und das Entdecken öffnen unseren Horizont. Öffne dich für neue Ansichten, neue Kulturen, neue Sprachen. Du weißt, dass jede Sprache ihre eigene Welt besitzt. Durch neue Sprachen können wir die Vielfalt unseres eigenen Seins begreifen und uns erweitern.

____

____

____

WER NIE VOM WEG ABKOMMT, BLEIBT AUF DER STRECKE.

(Autor unbekannt)

____

____

____

____

8 Oktober

DER ZUFALL GEHT WEGE, DA KOMMT DIE ABSICHT GAR NICHT HIN.

(Autor unbekannt)

Vertraue auf den Zufall und begrüße ihn. Nichts passiert einfach so – uns fällt zu, was fällig ist. Neue Situationen bergen neue Herausforderungen, an den wir wachsen dürfen. Empfange sie mit Freude, anstatt dich darüber zu ärgern. Es gleicht einem regnerischen Tag... Entweder du sitzt zuhause und ärgerst dich über das schlechte Wetter, oder du packst dich gut ein und gehst nach draußen, um durch die Regentropfen zu tanzen.

____

____

____

____

9 Oktober

LAUFE NICHT, WENN DU TANZEN KANNST.

(Marshall B. Rosenberg)

____

____

____

____

DER MENSCH IST EIN ZUG. SEINE VORFAHREN REISEN IMMER MIT.

(Autor unbekannt)

WENN DU GLAUBST, DU SEIST ER-LEUCHTET, BESUCHE DEINE ELTERN.

(Autor unbekannt)

Unsere Eltern sind mitunter unsere größten Lehrmeister. Sie haben uns nicht nur gelehrt, wie das Leben funktioniert, sondern bringen uns hier und da in unseren eigenen Prozess. Danke.

____

____

____

____

L(I)EBE!

Eines unserer Aufgaben ist es, groß zu werden. Uns selbst die Eltern zu sein, die es hier und da gebraucht hätte, um 'groß' zu werden. Uns die Dinge zu geben, die uns hätten mitgegeben werden sollen. Dabei geht es nicht um Vorwürfe. Im Gegenteil. Wir sollten unsere Eltern wertschätzen, denn schließlich verdanken wir ihnen unser Leben. Das sollte immer am Ende stehen – wie auch immer unsere Kindheit verlaufen ist. Zudem bleiben wir stets die Kleinen und sollten darauf achten, nicht zu den Eltern unserer eigenen Eltern zu werden.

____

____

____

WAS WIR SUCHEN IST OFT EINE ENTSCHÄDIGUNG FÜR DAS, WAS WIR ERTRAGEN.

(Haruki Murakami)

____

____

____

____

RACHE ZERSTÖRT AUCH DEN, DER IM RECHT IST.

(Autor unbekannt)

Im besten Fall bist du der Mittelpunkt für deine Eltern. Du wirst das Gefühl kennen, wenn du selbst Elternteil bist. Die Kinder sind und bleiben Dreh- und Angelpunkt – ein Leben lang. Dabei ist es wichtig, dass sie ihren eigenen Weg gehen können. Dafür dürfen wir lernen, loszulassen. Ganz gleich, in welcher Rolle wir uns befinden. Ob als Kind oder Elternteil – wir sind alleine auf diese Welt gekommen und werden diese auch wieder allein verlassen. In der Zwischenzeit lass uns doch lernen und wertschätzen, dass wir für jemanden immer Mittelpunkt sind. Das ist Liebe. Du bist Liebe.

____

____

____

MAN KANN NIEMANDEN ÜBERHOLEN, WENN MAN IN SEINE FUSSSTAPFEN TRITT.

(François Truffaut)

SAGT DER VATER ZUM SOHN: "PASSE AUF DEINEN WEG AUF, DEN DU IN DIESEM LEBEN BESTREITEST!"

ANTWORTET DER SOHN: "PASSE DU AUF DEINEN WEG AUF, DENN ICH WERDE IN DEINE FUSSSTAPFEN TRETEN!"

LIEBE IST DAS EINZIGE, WAS SICH VERDOPPELT, WENN MAN ES TEILT.

(Autor unbekannt)

Der Volksmund sagt, dass das Leid sich halbiere, wenn man es teilt. Dann nehmen wir doch lieber das Glück, das sich verdoppelt. Stelle dir vor, du könntest deine Gefühle nicht mit deinen Mitmenschen teilen. Wir leben bereits in einer Welt, in der Gefühle meist als Schwäche angesehen werden. Hier wirken nach wie vor die alten Energien und Glaubenssätze: "Ein Indianer kennt keinen Schmerz", "Ein echter Mann weint nicht" usw. Wann dürfen wir uns endlich davon lösen, dass es sich nicht schickt, Gefühle zeigen zu können? Macht es nicht gerade das Menschsein aus, empathisch zu sein?

____

____

____

UNSERE SCHWÄCHE IM INNEN KASCHIEREN WIR DURCH UNSERE VERMEINTLICHE STÄRKE IM AUSSEN.

(James Both)

Und so schreit der Unwissende, um sich Gehör zu verschaffen und nimmt sich die Chance, aus der Stille des Wissenden zu lernen.

WO WORTE SELTEN SIND, HABEN SIE GEWICHT.

(William Shakespeare)

TOLERANZ BEGINNT DA, WO VERSTÄNDNIS AUFHÖRT.

(Autor unbekannt)

22 Oktober

VORSICHT: ZERBRECHLICH

23 Oktober

DU KRIEGST, WAS DU GIBST, WENN DU TUST, WAS DU LIEBST.

(Autor unbekannt)

____

____

SEI DU DER GRUND, DASS HEUTE JEMAND LÄCHELT.

(Autor unbekannt)

____

____

____

____

WER ANDEREN EINE GRUBE GRÄBT IST HILFSBEREIT.

(Autor unbekannt)

____

____

____

____

SEI EINE STIMME UND KEIN ECHO.

(Friedrich Nibergall)

Posaune nicht hinaus, was du vermeinst, gehört zu haben. Du kennst das Spiel der stillen Post und wärest selbst wenig darüber erfreut, Dinge von dir zu hören, die absolut nicht wahr sind. Also halte auch du dich daran. Überprüfe, was dir zu Ohren getragen wird. Fühle nach, was man einer Person nachträgt und bilde dir deine eigene Meinung.

____

____

____

WER SCHWEIGEN WILL, MUSS REDEN KÖNNEN.

(Buddha)

28 Oktober

MANCHMAL IST BÖSE SEIN NUR EINE ART ZU VERBERGEN, WIE TRAURIG MAN IST.

(Autor unbekannt)

29 Oktober

MAN MUSS DAS LEBEN NEHMEN, WIE ES IST. MAN DARF ES BLOSS NICHT SO LASSEN.

(Karl Richter)

WAS UNS AM LEBEN ERHÄLT, KANN UNS AUCH KRANK MACHEN.

(Autor unbekannt)

An welchen Dingen hältst du fest, die dich krank machen? Alkohol, Drogen, Zigaretten? Kennst du dein Maß der Dinge und weißt du, woher Süchte kommen? Die meisten unserer Süchte rühren daher, dass wir auf der Suche sind – das bringt schon das Wort 'Sucht' mit sich. Wir sind auf der Suche nach Halt. Deshalb halten wir auch fest – zum Beispiel am Glas Wein, an den Zigaretten, oder an was auch immer. Wenn ich dir etwas verraten darf… viele Süchte entstehen dadurch, dass der Papa nicht anwesend war. Denn der Vater steht für Halt und Urvertrauen.

HEUTE IST WUNSCHTAG.

ICH WÜNSCHE DIR SCHMETTERLINGE IM BAUCH.

____

____

____

____

MANCHE MENSCHEN SIND IHREM GLÜCK IMMER EINEN SCHRITT VORAUS.

(Autor unbekannt)

Es gibt viele Dinge, die wir brauchen, um wahrlich glücklich zu sein. Jeder hat sein eigenes Verständnis dafür. Was die meisten jedoch nicht in Erwägung ziehen – wir brauchen eine gewisse Ordnung und Zugehörigkeit. Sie sind Basis, dass wir im Leben sein können. Dabei fällt der Ordnung eine spezielle Rolle zu. Bedeutet: der Mann ist der Mann, die Frau ist die Frau. Die Großen sind die Großen, die Kleinen sind die Kleinen. Stelle dir also die Frage: Bist du der/die Große? Nimmst du deine Rolle ein als "Frau" oder "Mann"? Jeder braucht seine Rolle, vor allem im Familiensystem. Nur so können wir uns finden und ins Leben gehen.

TIEF GESUNKEN IST NOCH NICHT TIEF GENUG GEFALLEN. ES FEHLT DER AUFSCHLAG.

(James Both)

5
November

DER MANGEL AN ERFAHRUNG ABER LIEFERT DAS LEBEN DEM ZUFALL AUS.

(Aristoteles)

Glaubst du an Zufälle? An Schicksale? Oder daran, dass dir alles zufällt, was fällig ist? Hast du nicht manchmal auch das Gefühl, dass alles zur richtigen Zeit kommt? Vertraue darauf, dass Dinge in dein Leben treten, die du auch meistern kannst.

6
November

UMSO SCHNELLER MAN ZURÜCKFÄLLT, UMSO MEHR ZEIT HAT MAN, AUFZUHOLEN.

(Willy Meurer)

7 November

LEBEN IST ZEICHNEN
OHNE RADIERGUMMI.

(Kees Synder)

Eine Form der Meditation kann das Malen sein.
Lasse dein inneres Kind in dir erblühen und male, was dir in den Sinn kommt. Vielleicht möchtest du mit Buntstiften malen – vielleicht aber auch nur schwarz / weiß. Gib dir hierzu einfach den Freiraum und deiner Kreativität Spielraum.

8 November

SCHLIESST DU DIE AUGEN, HÖRT SICH
DER REGEN AN WIE APPLAUS.

(Enno Bunger)

Vielleicht regnet es heute. Vielleicht ist der Himmel bedeckt und das Wetter schlägt auf dein Gemüt.
Achte auf dich und deine Gedanken. Welches Tier fütterst du heute? Bronko, den dicken Gaul, der lasziv in seinem Stall steht und nur darauf wartet, bis man sich um ihn kümmert? Oder ist es Fury – das schöne, elegante und sportliche Pferd, das aktiv ist und nur darauf wartet, mit dir neue Abenteuer zu bestreiten?

____

____

____

WER WENIG BEDARF, KOMMT NICHT IN DIE LAGE, AUF VIELES VERZICHTEN ZU MÜSSEN.

(Plutarch)

DIE DINGE SIND NIE SO, WIE SIE SIND. SIE SIND IMMER DAS, WAS MAN AUS IHNEN MACHT.

(Jean Anouilh)

11 November

FASCHING ODER KARNEVAL. ENDLICH FALLEN MAL WIEDER ALLE MASKEN.

(James Both)

Endlich haben wir mal wieder eine Freikarte, so sein zu dürfen, wie wir gerne sind. Hinter der Maske lebt es sich oft authentischer.

____

____

____

____

12 November

MANCHMAL GEWINNST DU. MANCHMAL LERNST DU DAZU.

(Autor unbekannt)

Welche Situation hat dich heute aufgewühlt? War es eine Begegnung, eine unangenehme Situation oder ein selbst konstruierter Moment, der dich in Schwierigkeiten brachte? Lasse diesen Moment einfach erneut da sein. Wie hast du reagiert und wie hättest du noch reagieren können? Was hat er dich gelehrt?
Kannst du Demut einfließen lassen? Ein Anteil in dir wird dafür dankbar sein, hier etwas gelernt zu haben.

____

____

____

AUCH DIE PAUSE GEHÖRT ZUM RHYTHMUS.

(Stefan Zweig)

DU LÄUFST ▶

DU RENNST ▶▶

JEDEN TAG ↻

MACHE MAL EINE PAUSE ⏸

KOMME ZU DIR ■

UND STEIGE AUS ▲

ANFASSEN IST SIMPEL.
BERÜHREN IST KUNST.

(Autor unbekannt)

Es gibt viele Wege, einen Menschen zu berühren. Auf welche Art wirst du am liebsten berührt? Sind es Worte? Tatsächliche, physische Berührungen oder vielleicht Musik? Wann hast du zum letzten Mal Gänsehaut gehabt?

Wäre es nicht sinnvoll auszusprechen, wie dein Gegenüber dich am leichtesten berühren kann? Weshalb fällt es uns eigentlich so schwer, darüber zu sprechen? Wir würden es uns viel leichter machen, als stets die Erwartung zu hegen, dass unser Partner es doch eigentlich wissen müsste.

____

____

____

DAS SCHWÄCHERE GESCHLECHT IST DAS STÄRKERE. WEGEN DER SCHWÄCHE DES STÄRKEREN FÜR DAS SCHWÄCHERE.

(Greta Garbo)

____

____

____

____

17 November

**GEDANKEN SIND FREI,
BIS MAN SIE
IN WORTE FASST.**

(Wilfried Besser)

18 November

**NACHTRAGENDE
TRAGEN GERNE VOR.**

(Michael Wollmann)

VORSTELLUNGSKRAFT IST DIE VORSCHAU AUF DIE ATTRAKTIONEN DES LEBENS.

(Albert Einstein)

Fantasie kennt keine Grenzen. Unserem Kopf hingegen dürfen wir gerne beibringen, dass er in gewissen Situationen einfach still sein darf. Zum Beispiel immer dann, wenn wir uns auf unser Gefühl verlassen sollten. Du kennst mitunter längst das Gesetz der Resonanz. Wann hast du es zuletzt angewandt? Stelle dir vor, wie dein Leben zum Besseren funktioniert und die Materie wird dir folgen. Das Wichtigste dabei: Fühle die Situation bereits jetzt. Male sie dafür in deinem Kopf aus. Eine gute Möglichkeit, Kopf und Bauchgefühl in Einklang zu bringen.

DAS STAUNEN IST DER ANFANG DER ERKENNTNIS.

(Platon)

KLEINE WEISHEITEN-GESCHICHTE:

DIE PERFEKTE FRAU

Eines Tages fragte ein Schüler den Schalk Nasrudin, warum er nie geheiratet habe.

"Ach," antwortete Nasrudin "ich hatte mir vorgenommen, nur dann zu heiraten, wenn ich die perfekte Frau gefunden habe. So suchte ich lange Jahre und begegnete vielen Frauen, die nett und schön und klug waren. Aber keine davon war perfekt."

Nach einer kleinen Pause fuhr er fort: "Eines Tages sah ich sie dann. Ich wusste sofort, dass sie in jeder Hinsicht perfekt war. Und als ich sie dann kennen lernte, stellte sich heraus, dass sie tatsächlich in jeder Hinsicht ein makelloses Juwel war."

"Und, warum hast du sie dann nicht geheiratet?" fragte der Schüler.

Nasrudin seufzte tief: "Das Problem war, dass sie den perfekten Mann suchte."

nach einer Geschichte in: "Der Geschichtenerzähler" von Joel ben Izzy

WENN DU ETWAS ER-WARTEST, DANN SEI AUCH GEDULDIG.

(James Both)

WENN DU DEINER ZEIT VORAUS BIST, MUSST DU DICH IN GEDULD ÜBEN.

(James Both)

UNSERE FEHLSCHLÄGE SIND OFT ERFOLGREICHER, ALS UNSERE ERFOLGE.

(Henry Ford)

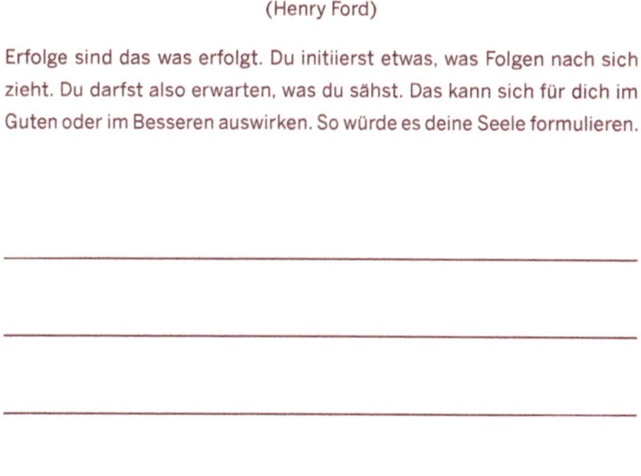

Erfolge sind das was erfolgt. Du initiierst etwas, was Folgen nach sich zieht. Du darfst also erwarten, was du sähst. Das kann sich für dich im Guten oder im Besseren auswirken. So würde es deine Seele formulieren.

WIR DENKEN SELTEN AN DAS, WAS WIR HABEN, ABER IMMER AN DAS, WAS UNS FEHLT.

(Arthur Schopenhauer)

WENN DU NIEMANDEN MEHR BENEIDEST, BIST DU AUF DEM BESTEN WEG ZU DIR SELBST.

(Autor unbekannt)

Du weißt längst, dass das Wort 'Fehler' nur bedeutet, dass etwas fehlt. Was also brauchst du noch, damit du dich 'vollkommen' fühlst? Überlege dir, wo du es vielleicht verloren hast und hole es dir in deiner Gefühlswelt zurück ins Hier und Jetzt.

WARTE NICHT AUF GROSSE WUNDER, SONST VERPASST DU ALL DIE KLEINEN.

(Autor unbekannt)

____

____

____

____

Wenn du magst, dann nimm dir ein Stück Papier. Nimm dir Buntstifte dazu und alles, was es braucht, damit du dich nun wohlfühlst.

Zeichne nun folgende Elemente.

1. Einen Weg

2. Ein Haus

3. Einen Zaun

4. Einen Baum

5. Eine Axt

6. Eine Sonne

7. Eine Schlange

Halte dich dabei bitte nicht an die Reihenfolge, die du hier liest. Male einfach dein 7-Symbole-Bild. So, wie du es dir vorstellst oder es dir in den Sinn kommt.

*Auflösung folgt

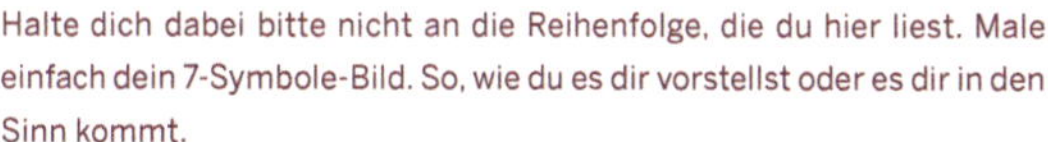

"ICH LIEBE DICH".

"WIE ERWACHSENE ES TUN?"

"NEIN, IN ECHT!"

LIEBE MUSS NICHT ECHT PERFEKT SEIN, SONDERN ECHT.

(Autor unbekannt)

DIE SEELE KANN MAN NICHT ANFASSEN. ABER BERÜHREN.

(Robert Gampe)

3 Dezember

WENN DU AUF EIN ZEICHEN DES UNIVERSUMS WARTEST: DAS IST ES.

(Autor unbekannt)

4 Dezember

VERTRAUEN FINDEST DU NUR BEI MENSCHEN, DIE MIT DEINER SEELE UMGEHEN, ALS WÄRE ES IHR EIGENE.

(Autor unbekannt)

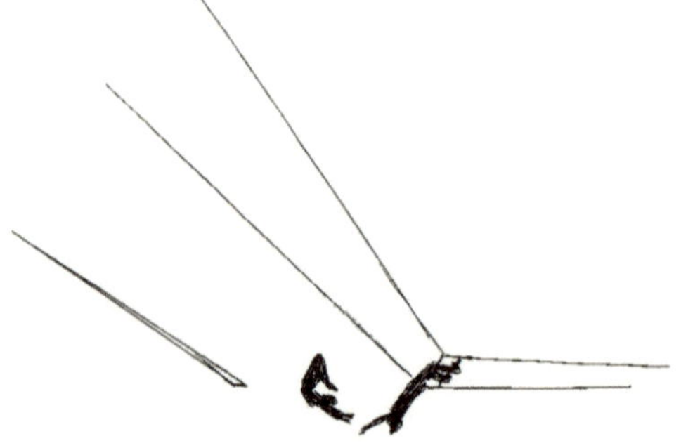

VERLOREN HAT DERJENIGE, DER ETWAS HAT UND ES NICHT TEILEN KANN.

(Autor unbekannt)

WER STETS VERSUCHT ZU GLÄNZEN, VERDUNKELT SEIN EIGENES LICHT.

(Laotse)

Du funkelst und leuchtest – schon vor deiner Geburt warst du das Licht, auf das sich deine Eltern freuten. Was fehlt dir nun, um zu begreifen, dass du gewollt warst? Ist es der Glaube an dich, an deine Fähigkeiten, an etwas 'Höheres'? Kannst du nachfühlen, dass auch deine Seele es wollte, hier eine irdische Erfahrung zu machen?

7 Dezember

DER MENSCH SIEHT IN DER WELT, WAS ER IM HERZEN TRÄGT.

(Autor unbekannt)

8 Dezember

WER LIEBT, DER ZWEIFELT AN NICHTS ODER AN ALLEM.

(Honoré de Balzac)

DIE LIEBE WILL NICHTS VON DEM ANDEREN, SIE WILL ALLES FÜR DEN ANDEREN.

(Dietrich Bonhoeffer)

____

____

____

____

AN DEN SCHEIDEWEGEN DES LEBENS STEHT KEIN WEGWEISER.

(Charlie Chaplin)

WENN DEIN LEBEN EIN KAMPF IST, DANN FANGE AN, ZU SIEGEN.

(Autor unbekannt)

Du hast ein Bild gemalt und dich treiben lassen. 7 Symbole, die alle für etwas stehen und dein Sein (aus)zeichnen:

1. Weg – es ist dein Lebensweg. Schaue, wie er verläuft. Von links nach rechts? Ist er gerade, kurvig? Und führt er zum Haus?

2. Wie sieht dein Haus aus? Es steht für dich. Führt der Weg zum Haus? Ist es zugänglich und offen? Verschlossen und nicht begehbar? Erkunde dein Dach. Gibt es auch einen Schornstein, durch den du deine Emotionen abdampfen lassen kannst? Wie liebevoll hast du es gemalt?

3. Wie verläuft der Zaun, der für deine Grenzen steht, die du dir selbst und anderen setzt. Es ist wichtig, dass du dich definierst und dich mitteilst, bis wohin du mitspielst. Vielleicht hast du aber auch einen begehbaren Gartenzaun gezeichnet und lässt damit zu, dass du ein offener Mensch bist, der gerne "Gäste empfängt".

4. Wie große ist der Baum, den zu gezeichnet hast? Ragt er über alles
hinaus oder steht er winzig klein als Bonsai neben deinem Haus? Hat er
dieselbe Größe wie dein Haus oder blockiert er deinen Weg? Der Baum
steht für deinen Lebenspartner und zeigt dir auf, wie bedeutsam dieser
oder jene ist. Hinterfrage, ob er nicht "Überhand" nimmt. Wirft er Schatten?
Ist er im Verhältnis zu groß und lässt eventuell die Sonne nicht leuchten?
Oder kann es sein, dass er mehr Wachstum braucht?
5. Wie sieht deine Sonne aus? Überstrahlt sie das Haus? Wie groß ist
sie im Verhältnis zu den anderen Elementen? Sie steht sinnbildlich für
deinen Vater.

6. Wo hast du die Axt platziert? Steckt sie im Baum fest oder hast du
einen extra Pflock gemalt und sie steckt dort drin? Liegt sie in deinem
Bereich innerhalb der Umzäunung? Die Axt steht für deine Wut. Im
besten Fall steckt sie daher nicht im Baum, sondern befindet sich innerhalb deines Terrains.

7. Die Schlange steht für deine Sexualität. Perfekt befände sie sich
geschlängelt um den Baum herum. Vielleicht hast du sie aber weit ent-
fernt von allen anderen Gegenständen gemalt. Dann darfst du dir dein
Sexualthema gerne nochmal näher betrachten. Wie stehst du zu deiner
Sexualität? Lebst du sie aus?

DU MUSST
DEIN ÄNDERN LEBEN.
(Rainer Maria Rielke)

____

____

____

____

HIER IST ES. EBEN JETZT. DENKE DARÜBER NACH UND DU VERFEHLST ES.

(Zen Buddhismus)

VERGISS IN DEINEM LEBENSLAUF NICHT DEINEN WERDEGANG.

(Autor unbekannt)

VERSUCHST DU ES IMMER ALLEN RECHT ZU MACHEN, HAST DU IMMER EINEN VERGESSEN: DICH.

(Autor unbekannt)

WER IMMER NUR SELBSTLOS IST, IST SICH BALD SELBST LOS.

(Autor unbekannt)

Die selbst auferlegten Verpflichtungen der Vorweihnachtszeit haben dich wahrscheinlich schon im Griff. Vergiss dabei dich selbst nicht und achte auf deine Gefühle. Versuche, neben der Anspannung, alles so gut wie möglich zu organisieren, ebenso wie deine Entspannung.

JE STILLER DU BIST,
DESTO MEHR
KANNST DU HÖREN.
(Autor unbekannt)

18
Dezember

19
Dezember

20 Dezember

ES GIBT VIELERLEI LÄRM.
ABER ES GIBT NUR
EINE STILLE.

(Kurt Tucholsky)

21 Dezember

BEVOR DU MIT DEM KOPF
DURCH DIE WAND WILLST,
ÜBERLEGE: WAS WILL
ICH IM NEBENZIMMER?

(Autor unbekannt)

HEUTE IST WUNSCHTAG.

ICH WÜNSCHE DIR EINE SCHLAGFERTIGE ANTWORT IM RICHTIGEN MOMENT.

SOBALD DU AUFHÖRST, ETWAS ZU WOLLEN, BEKOMMST DU ES.

(Andy Warhol)

24 Dezember

KEINE SORGE. NACH DER STILLEN ZEIT KEHRT WIEDER RUHE EIN.

(James Both)

FRÖHLICHE WEIHNACHTEN!

25 Dezember

IN JEDEM IST ETWAS KOSTBARES, DAS IN KEINEM ANDEREN IST.

(Autor unbekannt)

IM LEBEN GEHT ES NICHT UM TO DO'S, SONDERN UM TADAAAS.

(Autor unbekannt)

WER ZUHÖREN KANN HÖRT DICH AUCH, WENN DU NICHTS SAGST.

(Autor unbekannt)

28 Dezember

DER SICHERSTE REICHTUM IST DIE ARMUT AN BEDÜRFNISSEN.

(Franz Werfel)

29 Dezember

IN DER EIFERSUCHT LIEGT MEHR EIGENLIEBE ALS LIEBE.

(La Rochefoucauld)

Derjenige, der eifersüchtig ist, will den anderen gar nicht! So paradox das für dich klingen mag, denke einfach mal um. Eifersucht ist eine Energie, die den anderen von uns wegtreibt.

WENN DICH JEMAND IGNORIERT, STÖRE IHN NICHT DABEI.

(Autor unbekannt)

LIEBE IST.

DER AUTOR

James Both wurde 1981 in Frankfurt am Main geboren. Seit 2012 geht er seiner Berufung als Life-Coach nach. In diesem Jahr gründetet er auch seine Praxis – das SEELENHÄUSCHEN (www.seelenhaeuschen.de). Bis heute praktiziert er in seiner Praxis als Coach im Rhein-Main-Gebiet. Er hält Vorträge, gibt Seminare und unterstützt die Menschen auf ihrem Weg zu mehr Lebensfreude und Lebensqualität.
James studierte Sprach- und Kommunikationswissenschaften, sowie Literaturwissenschaften an der RWTH Aachen. Im Anschluß absolvierte er eine Ausbildung an der renommierten Texterschmiede e.V. in Hamburg und arbeitete danach als Werbetexter in großen Agenturen in Hamburg, Düsseldorf und Aachen.

Kontaktmöglichkeit und weitere Infos über James: www.mein-life-coach.de

IMPRESSUM

© fineBooks Verlag Alexander Broicher. Berlin, 2020
Alle Rechte vorbehalten. Nachdruck und Vervielfältigungen –
auch auszugsweise – nicht gestattet.

Herausgeber:	Alexander Broicher
	finebooksverlag.com
Texte:	James Both
	seelenhaeuschen.de
Illustrationen:	Sarah Michel
	sarahmi-illustration.jimdo.com
Gestaltung und Satz:	Mo Tapprogge
	mo-creation-design.com

Printed in Germany
ISBN 978-3-948373-17-7